社長！税務調査の事前対策してますか

●加算税リスクのない法人税実務

公認会計士・税理士
清原 裕平【著】

清文社

はじめに

経営者は、個人事業主として商売しようが、会社の代表者として商売しようが、税務調査から逃れることはできません。これは、我が国が、経営者が自ら申告して納税するという「申告納税制度」を採用しているからです。つまり、申告納税制度の下では、税金は少しでも少ないほうがよいという心情から、税金を少なめにごまかす人が存在し得るため、「税務調査」といういわば国としての抑止力を行使することで、真面目に申告している人が損をして不真面目な人が得をするような仕組みとならないようにしているのです。

税務調査とどう向き合うべきか

それでは、経営者は税務調査とどう向き合えばよいのでしょうか。その答えを一言でいうなら、「税務調査に対する事前対策」をしっかりしておく、ということです。
「うちはあんまり儲かってないし、税務署なんて来ないから」とか、「3年前に来たから、しばらくは来ないよ」などと、税務調査を甘く軽い気持ちで見てはいけません。その油断が、税務調査を引き寄せてしまいます。税務調査をするかしないかは、経営者が決めるのではなく、あくまでも課税当局が決めるのです。

申告内容に誤りがあればペナルティがある

税務調査は、すでに申告を行った過去の年度分に対して実施されます。そのため、仮に税務調査において申告内容に誤りが見つかった場合には、本来納付すべきであった本税（所得税や法人税等の税金そのもの）を事後的に納めることになります。

さらに、このように税務調査で誤りが見つかった際に認識しておかなければならない重要な点があります。それが、加算税や延滞税といった、本税以外の附帯税の存在です。すなわち、申告内容に誤りがあれば、申告期限までに適正な申告や納付をしなかったという趣旨から、一種のペナルティとして、加算税や延滞税等を本税にプラスして納めることになるのです。

事前対策の必要性

だとすれば、税務調査がないことを単に祈るだけではなく、税務調査で狙われやすいところについては、少なくとも事前にしっかりとした対策をとっておくことが、経営者にとって必要であるといえるでしょう。税務調査への事前対策という経営者による具体的な行動が、税務調査で追徴される税金をできるだけ小さなものとし、結果的に事業を継続的に営んでいく上での税金に係るコストを最小化することに繋がっていくものと考えます。

また、税務調査があれば、たとえ申告内容に誤りがなかったとしても、様々なコストを負担しなければなりません。例えば、経営者や経理担当者が税務調査に立ち会うための時間的なコストや、課税当局から追求される資料を探したり作成したりするための手間や労力、さらには税理士に対する税務調査の立会料等の金銭的なコストなどです。

事業をより成長させていくために

経営者にとっては、事業を持続的に成長させていくことが最も重要です。そのための一方策として、税務調査に伴うコストの削減に努めてはいかがでしょうか。

税務調査への事前対策にしっかり取り組んでいただくことで、税務調査で申告誤りを指摘されるリスクをできる限り軽減するとともに、間接的に課税当局に対して税務調査の必要性が低いことをアピールすべきです。

本書は、このような問題意識から、税務調査の中でも会社の税金に対する調査、すなわち法人税調査の事前対策について、筆者がこれまでに経験した事例を交えつつ、「読みやすさ」に重点を置いてその整理を試みたものです。本書をお読みいただき、しっかりとした事前対策をしていただければ、将来的に税務調査があった際には、「やっててよかった」とご満足いただけるものと思います。

本書が、これから事業を始める方や、いま事業を営んでいる方にとって、税務調査に対する恐れや嫌悪感を少しでも解消できる一助となれば幸いに存じます。

令和元年8月

公認会計士・税理士　**清原　裕平**

目次

第1章 税務調査の現状

第2章 法人税調査のための事前対策

第3章 税務調査のエピソード

※ 本書の内容は、令和元年7月1日現在の法令等によっています。

第1章

税務調査の現状

税務調査の事前対策を的確に行うためには、税務調査がどのようなものなのかを知る必要があります。孫子の「彼を知り己を知れば百戦殆からず」の故事にもあるように、まずは相手のことを知らなければ、良い事前対策を立てることもできません。

そこで、まずは税務調査の現状をみてみましょう。

1　税務調査の意義

「税務調査」とは、国税通則法に基づき、所得税や法人税、消費税等の国税について、国税庁（国税局、税務署）の職員が、納税者（個人事業主や会社等）に対して質問したり、事業に関係する帳簿書類等を検査したりすることです。

国税庁は、1949年に大蔵省（現在の財務省）の外局として設置されたもので、国税庁の下には、現在、全国に12の国税局（沖縄国税事務所を含む）と524の税務署が設置されています。

『国税庁レポート２０１９』によれば、国税庁の使命とは、「納税者の自発的な納税義務の履行を適正かつ円滑に実現する」こととされています。この使命を果たすため、国税庁は、税務申告が適正でないと認められる納税者に対して税務調査を実施して、誤りを是正しているわけです。いわば、税務調査は、適正・公平な課税を実現するための我が国のガバナンス、牽制作用のひとつであるということができます。

2　税務調査の種類

税務調査は、通常、「実地調査」により実施されます。実地調査とは、申告漏れや課税逃れなどが想定される納税者に対して、相当の人員や日数を投下して、事業所等に実際に臨場して調査することです。

また、実地調査以外では、文書や電話での連絡などによる簡易な接触があります。こうした簡易な接触も税務調査のひとつです。

なお、国税組織の中で税務調査を実施するセクションは、国税局では課税部資料調査課、調査部、査察部が、税務署では個人課税部門、資産課税部門、法人課税部門などがあります。

3　税務調査（実地調査）の状況

次の表は、国税庁の報道発表資料を基に、税目ごとに税務調査（実地調査）の状況を分析したものです。

平成29年7月から平成30年6月までの1年間で実施された実地調査の件数は、全体で43万6千件、うち申告漏れがあったのは27万件で、申告漏れのあった割合は61・9％です。簡潔にいえば、実地調査を行った3件のうち2件に誤りがあったということです。

また、本税と加算税を合わせた追徴税額は全体で５０６０億円、実地調査1件当たりの追徴税額は１１６万円です。つまり、税目によって差異はあるものの、税務調査があれば

■ 税目別の税務調査（実地調査）の状況

区分 / 税目	実地調査件数①	申告漏れのあった件数②	申告漏れのあった割合（②÷①）	申告漏れ所得金額又は課税価格	1件当たり	追徴税額（本税）③	1件当たり	追徴税額（加算税）④	1件当たり	追徴税額（本税＋加算税）（③＋④）	1件当たり
単位	千件	千件	％	億円	万円	億円	万円	億円	万円	億円	万円
申告所得税	73	60	82.7	5,894	808	806	111	141	19	947	130
源泉所得税	116	36	31.0	－	－	274	236	30	26	304	263
相続税	13	11	83.7	3,523	2,801	676	538	107	85	783	623
贈与税	4	4	93.6	189	497	－	－	－	－	57	148
法人税	98	73	74.5	9,996	1,024	1,647	168	301	31	1,948	200
消費税（個人事業者）	38	31	82.1	－	－	227	60	46	12	273	72
消費税（法人）	94	55	58.5	－	－	623	66	125	13	748	80
計	436	270	61.9	－	－	－	－	－	－	5,060	116

（注）上記は、国税庁の報道発表資料を基に作成したものである。簡易にするため、筆者において端数処理している。
また、実地調査の対象期間は、平成29年７月から平成30年６月までの１年間である。

平均で116万円が追徴されるということです。

そして、ここで忘れてはいけないものが、「加算税」と「延滞税」の存在です。

加算税

「加算税」は、確定申告書の提出期限までに適正に申告がなされていなかった等の場合に、その義務を怠った程度に応じて課されるペナルティ（行政制裁）です。

追徴税額のうち本税は、申告すべき金額を基に算定されますので、提出期限までに申告していようと、税務調査で申告漏れを指摘されようと、金額的に変わるものではありません。

しかし、加算税は、あくまで適正な申告をしていなかったという事実に対して課されるものですので、確定申告書の提出期限までに適正な申告をしておけば、仮に税務調査があっても追徴されずに済みます。

したがって、加算税は、税務調査の事前対策を適切に行うことで、払わずに済む税金であるということができるのです。具体的な数字でみると、申告所得税であれば19万円、法人税であれば31万円がそれぞれ実地調査１件当たりの加算税ですが、税務調査の事前対策をしていれば、これらの加算税を削減することが可能です。

なお、加算税には、申告漏れとなった要因等に応じて、①過少申告加算税（本税の５～15％）、②無申告加算税（本税の５～30％）、③不納付加算税（本税の５～10％）、④重加算税（本税の35～50％）の４種類があります。

延滞税

「延滞税」は、本税を法定納期限までに納付しない場合に課される遅延利息です。

延滞税の税額については、統計的な数字が明らかになっていないことから表には含めていませんが、税務調査により申告漏れが把握され、本税を追徴課税された場合には、この延滞税も当然に課されることになります。

なお、延滞税の割合は、本税を納付していない時期によって異なりますが、平成30年1月1日から令和元年12月31日までの期間については、

① 納期限の翌日から2か月を経過する日までは年2・6％
② 納期限に翌日から2か月を経過した日以後は年8・9％

とされています。

このように、税務調査により申告漏れが見つかった場合には、本来納付すべきであった本税以外に、加算税と延滞税が課されます。さらに、国税を課税ベースとして算定される地方税においても、地方税の本税以外に加算金や延滞金が課されるのです。

4　法人税の実地調査の状況

法人税の実地調査件数は、年間で9万8千件、うち申告漏れのあった件数は7万3千件で、申告漏れ割合は74・5％となっています。また、申告漏れ所得金額は全体で９９９６億円、1件当たりでみると１０２４万円となっています。さらに、追徴税額（本税）は全体で１６４７億円、1件当たりでは１６８万円です。加算税については、全体で３０１億円、1件当たりでみると31万円となっています。

このように、法人税の実地調査の状況をみると、実地調査の件数は、実地調査の件数全体（43万6千件）の22・5％であるものの、追徴税額（本税＋加算税）は全体（５０６０億円）の38・5％を占めており、法人税は課税当局にとって税務調査の主要対象税目として捉えられていることが伺えます。

課税当局が行う法人税の税務調査に対して、経営者としてどのように事前に対策して、加算税や延滞税を避けていくのか、次章で具体的に見ていきましょう。

第2章

法人税調査のための事前対策

事前対策 その1

当期の売上げが翌期に計上されていませんか

「売上げの繰延べ計上」は、期末棚卸資産の計上漏れや交際費等の加算漏れなどと並んで、税務調査でよく指摘されます。

売上げの計上基準

我が国では、売上げの計上基準に「出荷基準」を採用するケースが多く見受けられます。

出荷基準は、商品等を出荷した段階で売上げに計上するというものですが、この他にも検収基準や工事進行基準といった基準もあります。どの基準が良いとか悪いとかではなく、個々の企業等の実情や業種業態などの経済的実態に応じて、適切と認められる会計方針に従って売上げを計上します。

なお、平成30年度の税制改正では、「収益認識に関する会計基準」への対応として、目的物の引渡し等があった日を売上げの計上日とすることが明確化され、出荷基準もそのひとつとして認められています。

税務上の着眼点

売上げの計上基準に出荷基準を採用した場合には、その商品等を出荷した段階で売上げに計上しますので、他の計上基準と比して、時期的に最も早く売上げを認識するという特徴があります。そのため、収益計上基準の大原則である実現主義の観点から批判的に評価される面があるものの、売上げを少しでも多く早めに計上したいという意識から、出荷基準を採用する経営者が多いともいわれています。

一方、税務上問題となる「売上げの繰延べ計上」とは、当期に商品等を出荷し当期の売上げに計上すべきにもかかわらず、翌期に売上げを計上している、ということです。したがって、当期の税金については、翌期に計上された売上げに対応する税金分だけ、結果的に少なくなっているわけです。

そこで、税務調査においては、まずは商品等を出荷している事実を把握できる資料等を確認しつつ、翌期に売上げが計上されているもののうち、当期に出荷しているものがないかをチェックします。

調査担当者にとっては骨が折れる作業

税務調査で売上げに関する問題点を把握することは、調査担当者にとってそう容易なことではありません。なぜなら、売上げの計上漏れは、帳面に載せるべきものを載せていないということですので、いわば、「ないところから、あるべきものを見つけ出す」という作業だからです。

これに対して、仕入れや経費の架空計上や水増し計上といった不正計算の手口は、帳面に載せるべきではないものを載せているわけですので、いわば、「あるところから、あるべきではないものを見つけ出す」という作業であり、売上げの計上漏れを見つけ出すよりは、比較的容易であるといえます。

会計監査と税務調査

公認会計士や監査法人が行う「会計監査」においては、この売上げの繰延べ計上とは逆の発想、つまり、翌期に計上すべき売上げを当期の売上げとして計上していないかという視点でチェックします。これは売上げの繰延べ計上に対して、売上げの繰上げ計上などと呼ばれますが、一般的にこのような利益を実際の数字よりも過大に計上することを「粉飾決算」といいます。

言うまでもなく、会計監査は税務調査とは全く別物です。実施する目的や根拠とする法律などが異なるからです。

ただ、両者を実務的に経験した筆者からみると、それぞれの目的を解明するためのプロセスやチェック方法には、実は重複する部分があることも少なくありません。この点、ある経営者の方が、同じ書類を同じ方法でチェックするなら税務調査と会計監査を統合してほしい、とおっしゃられていたことがあります。

そういう意味では、今後の制度面における検討課題として、会計監査と税務調査の結果を監査人と課税当局の間で相互利用できるような仕組みを構築すれば、両者の対応を余儀なくされる会社側にとっては、一定のコスト削減に寄与するものと考えます。

売上げの繰延べ計上に関する事前対策

当期に計上すべき売上げが翌期に計上されていないか、売上げの計上基準に照らして確認しましょう。

特に、売上げの計上基準に出荷基準を採用している場合には、決算月の翌月請求分の中に、当期中に出荷しているものが含まれていないか、例えば、出荷伝票や納品書控え、あるいは配送記録や運送予定表等を確認しましょう。

（注）なお、商慣習その他相当の理由により、各事業年度に係る収入及び支出の計算の基礎となる決算締切日を継続してその事業年度終了の日以前おおむね10日以内の一定の日としている場合には、これが認められます。

■ 売上げに関する締日が20日締の場合、次のようなことが起こり得る

出荷伝票（納品書控え）

伝票No.

出荷日付	商品名	数量	単価	金額
3月20日	▼▼	2	30,000	60,000

出荷⇒3月、売上げの計上月⇒3月

出荷日が3月20日であり、3月分の請求となるので、通常、3月の売上げに計上されます。

出荷伝票（納品書控え）

伝票No.

出荷日付	商品名	数量	単価	金額
3月29日	▼▼	2	30,000	60,000

出荷⇒3月、売上げの計上月⇒4月？

3月29日に出荷であれば、本来、3月の売上げに計上すべきです。

ただ、請求が翌月の4月分となるため、売上げの計上月も4月となるおそれがあります。

事前対策　その2

翌期の仕入れが当期に計上されていませんか

翌期の仕入れとして計上すべきものを当期の仕入れとして計上することを「仕入れの繰上げ計上」といいます。この仕入れの繰上げ計上も、決算日前後の取引のひとつですので、売上げの繰延べ計上と併せて、しっかりチェックしておきたい事項です。

なぜ税務上問題なのか

仕入れの繰上げ計上が、税務上、どのような問題となるのかということですが、当期の仕入れが実際の仕入れよりも過大に計上される結果、売上総利益が減少し、それに伴い当期の税金も少なくなる、ということです。

ただし、翌期の仕入れを当期に繰り上げて計上したとしても、その仕入商品を併せて期末棚卸資産として計上した場合には、結果的に売上総利益には直接影響を及ぼさないため、法人税については問題が生じることはなく、税務調査で指摘されることはありません。

消費税には注意！

一方、消費税は、実際に行われた物の動きに着目して課税されるものですので、実際に仕入れを行った取引が翌期であれば、あくまでも翌期の課税仕入れとして仕入税額控除の対象としなければなりません。

したがって、消費税については、法人税における取扱いとは異なり、期末棚卸資産に計上するしないにかかわらず、翌期の仕入れを当期の課税仕入れとして仕入税額控除することはできません。

仕入れの繰上げ計上に関する事前対策

決算日直前に仕入れに計上されているものについて、翌期に計上すべき仕入れが含まれていないか、仕入先からの請求書、納品書や送り状等の日付に注意して、実際の物の動きをチェックしましょう。

■ 仕入先からの請求書

請 求 書

3月末締分

納品年月日	商品名	金額	摘要
3月1日	▲▲	200,000	
〜	〜	〜	〜
3月30日	▲▲	200,000	
3月31日	■■	150,000	但し、4月2日納品分
3月31日	●●	175,000	

仕入先からの請求書の納品日付が3月31日となっていても、何らかの要因で実際の納品が4月にずれ込んでいることがあります。

このような場合に、そのまま3月で仕入れに計上すると、仕入れの繰上げ計上となります。

事前対策　その3

期末棚卸資産の計上漏れはないですか

決算で数字を締めてみたら、利益が思っていたよりも出ていたとか、逆に出ていなかったというお話をよく伺います。そうした時に、得てして利益の調整に利用されやすい科目が「期末棚卸資産」です。なお、ここで述べる期末棚卸資産とは、商品や製品だけではなく、材料や仕掛品、未成工事支出金などを含む総称です。

この期末棚卸資産について、税務調査でよく問題となるのは、期末棚卸資産を実際の金額よりも少なく計上していたというものです。これは、税務調査で把握される課税逃れといえる手法の中でも、最も多いパターンのひとつです。

期末棚卸資産と利益の関係

なぜ期末棚卸資産を調整すると利益に影響したり、税務調査で問題となったりするのでしょうか。

期末棚卸資産は、損益計算書上、売上原価の中でマイナス項目を構成しています。これは、当期仕入高として売上原価に含められた仕入商品のうち、その期間に販売せずに決算日で期末在庫として所有している場合には、費用（仕入れ）と収益（売上げ）を適切に対応させる観点から当期の売上原価の中には含めない、という意味です。また、貸借対照表上、期末棚卸資産は、決算日で実際に保有している販売目的の資産ですので、流動資産に区分されます。

期末棚卸資産は、損益計算書や貸借対照表では、次のように表示します。

損益計算書（抜粋）

科　　目	金　　額	
【売上高】		
売上高	×××	
売上高合計		×××
【売上原価】		
期首商品棚卸高	×××	
当期仕入高	×××	
合計	×××	
期末商品棚卸高	4,290,000	
売上原価		×××
売上総利益金額		×××

貸借対照表（抜粋）

資　産　の　部		負　債　の　部	
科　目	金　額	科　目	金　額
【流動資産】		【流動負債】	
現金及び預金	×××	買掛金	×××
売掛金	×××	未払金	×××
棚卸商品	4,290,000	未払費用	×××
【固定資産】		【固定負債】	
建物	×××	長期借入金	×××
工具器具備品	×××		

さて、仮に期末棚卸資産を実際の金額よりも多く計上すれば、期末棚卸資産は売上原価のマイナス項目ですので、売上原価の総額としては少なくなります。つまり、利益が多く計上されるという結果になります。

一方、仮に期末棚卸資産を実際の金額よりも少なく計上すれば、先程とは逆に、売上原価の総額は多くなり、その結果、利益が少なく計上されるわけです。

このように期末棚卸資産と利益については、期末棚卸資産が多くなれば利益も多くなり、逆に期末棚卸資産が少なくなれば利益も少なくなるという比例関係にあることがわかります。

したがって、税務調査では、期末棚卸資産を本来あるべき数字よりも少なくして利益を少なくしていないか、つまり課税逃れに繋がっていないか、という視点でチェックしていきます。

税務調査で問題とされる主なパターン

期末棚卸資産について、税務調査で問題とされる主なパターンとしては、

① 経営者にとって都合の良い数字に調整する
② 特定の場所に保管されているものを含めない
③ 運送中のものを含めない
④ 他者に預けているものを含めない
⑤ 特段の理由もなく低い単価で評価する
⑥ 廃棄していないにもかかわらず、廃棄したことにする

などがあります。

数量計算とは

税務調査では、期末棚卸資産の数量を検証する観点から、「数量計算」と呼ばれるチェックを行います。数量計算とは、①調査担当者が直接実地棚卸しを実施して調査日現在の数量を把握する、②その数量をベースに、決算日以降の仕入数量と売上数量を加減算して、決算日にあるべき棚卸資産の数量を推計する、③あるべき棚卸資産数量と税務署に申告された棚卸資産の数量を比較検討する、という調査手法です。

筆者が経験した税務調査においても、数量計算を実施した結果、期末棚卸資産の計上漏れを把握した事例は少なくありません。

棚卸原票の保存

また、期末棚卸資産に関して、税務調査対策としてもうひとつ注意すべきことがあります。

それが、期末棚卸資産に関する証拠書類の保存です。具体的には、決算日に実地棚卸しを実施した際の資料である「棚卸原票」を廃棄しないということです。

そもそも税務調査においては、事業活動の実態をありのままに反映した資料を把握し、それらの資料と元帳や申告書を比較照合することで、申告内容が正しいかどうかを判断します。

したがって、仮に棚卸原票を作成していたにもかかわらず廃棄処分していたことが税務調査で判明した場合には、期末棚卸資産の金額を意図的に

実地棚卸しを実施した際の
棚卸原票は、廃棄せずに、
必ず保管しておきましょう！

連番号	

棚卸確認票

棚卸日		店番		決裁者	
担当者		棚番号		端末No.	

品番	数量	単価	金額	備考

調整しているのではないか、との疑いの目で見られます。

期末棚卸資産の計上漏れに関する事前対策

期末棚卸資産に関する事前対策は、次のとおりです。

① 決算日の実地棚卸しは、必ず実施しましょう。その際、取引先に預けている自社の在庫や搬送中の在庫について、拾い漏れのないようにチェックしてください。また、期末棚卸資産について評価損を計上する場合には、税務上の要件に合致しているか確認しましょう。

② 商品管理をパソコンで行っているなど、帳簿上の在庫の金額が別途把握できている場合には、実地棚卸しの結果と比較照合して、その差異分析と解明作業を実施しましょう。

③ 実地棚卸しを実施した際の棚卸原票は、必ず保管しましょう。

④　決算日直前に仕入れた商品等のうち、翌期に売上げが計上されているものについては、当期の期末棚卸資産に計上されているか確認しましょう。

事前対策 その4

決算日前後の売上げ・仕入れ、期末棚卸資産は相互に関連性があります

税務調査においては、その対象となる期間の中でも、決算日前後における取引や会計処理を特に注視します。

これは、決算日前後という時期が、当期の利益を翌期に繰り延べたり、逆に翌期の利益を当期に先取りしたりするなど、課税逃れなどを目的とした利益の調整を行う絶好のタイミングだからです。併せて、決算日前後という時期は、決算・予算業務など様々な事務が輻輳し、会計上や税務上のミスが比較的起こりやすいという側面もあります。

3科目の関連性

決算日前後の取引の中でも、事業経営の主要科目であって、金額的にも重要性の高い「売上げ」、「仕入れ」、「期末棚卸資産」の3科目は、税務調査において特に注視されます。ただ、これら3科目の妥当性を、それぞれ独立した視点でチェックするわけではありません。なぜなら、売上げ、仕入れ、期末棚卸資産には、それぞれ関連性があるからです。

まずは仕入れからスタート

通常の商取引の流れは、商品等の「仕入れ」があり、決算日までにその仕入れた商品等が売れていれば、その商品等について当期に「売上げ」が計上されます。一方、仕入れた商品等が決算日までに売れていなければ、その仕入れ商品等は「期末棚卸資産」として在庫に計上されます。

すなわち、仕入れは売上げか期末棚卸資産に変化し、期末棚卸資産は返品等がない限り翌期以降の売上げに変化するという関連性があるのです。

税務調査の着眼点

税務調査では、例えば、決算日直前に多額の仕入れ商品があるにもかかわらず、当期の売上げにその商品の計上がなければ、期末棚卸資産として計上があるはずだという前提で、在庫表にその商品が計上されているか否かを確認します。さらに、翌期に売上げが計上されている場合には、その売上げの計上時期が翌期で間違いないのかという観点から、納品書や出荷伝票等の資料を基に売上計上日の妥当性を判断します。

このように、税務調査では、決算日前後の「売上げ」、「仕入れ」、「期末棚卸資産」の3科目について、相互に関連させつつ、どこかで辻褄の合わない部分がないか、関係資料等を基に確認していきます。

決算日前後における売上げ・仕入れ、期末棚卸資産の関連性の事前対策

次の①から④の手順で事前対策を実施しましょう。

① 決算月、特に決算日直前の仕入れ商品等のうち、金額が多額のもの、常時取引していない取引先からのもの、あるいは関係会社からのものなどを悉皆（しっかい）的に抽出します。

② ①で抽出した仕入れ商品等が、いつ売れているのかを確認します。

③ ②の結果、翌期に売上げが計上されている場合には、その商品が当期の期末棚卸資産として計上されているかを確認します。併せて、その商品等の売上げ計上時期が翌期で間違いないか、自社の売上げの計上基準に従って再確認しましょう。

④ ②の結果、当期に売上げが計上されている場合には、その商品等の利益率が通常時の利益率と相違していないか、また、翌期首になって特段の理由もなく返品されていない

か、などについてチェックしましょう。

なお、事前対策に当たって留意すべき事項が2点あります。

ひとつは、仕入れ商品等の実際の「モノの流れ」をしっかり把握するということです。そのため、契約書や見積書、請求書ではなく、納品書や納品伝票など実際にモノが動いたことがわかる資料を確認しましょう。

もうひとつは、仕入れ商品等の実際の「モノの流れ」に、従業員等の「ヒトの動き」や、資金決済等の「カネの流れ」をできるだけ紐付けてチェックするという点です。例えば、商品等の入荷・出荷の担当者の出勤時間や受領印の確認、あるいは、仕入先に対する代金決済の時期や振込先等の確認です。

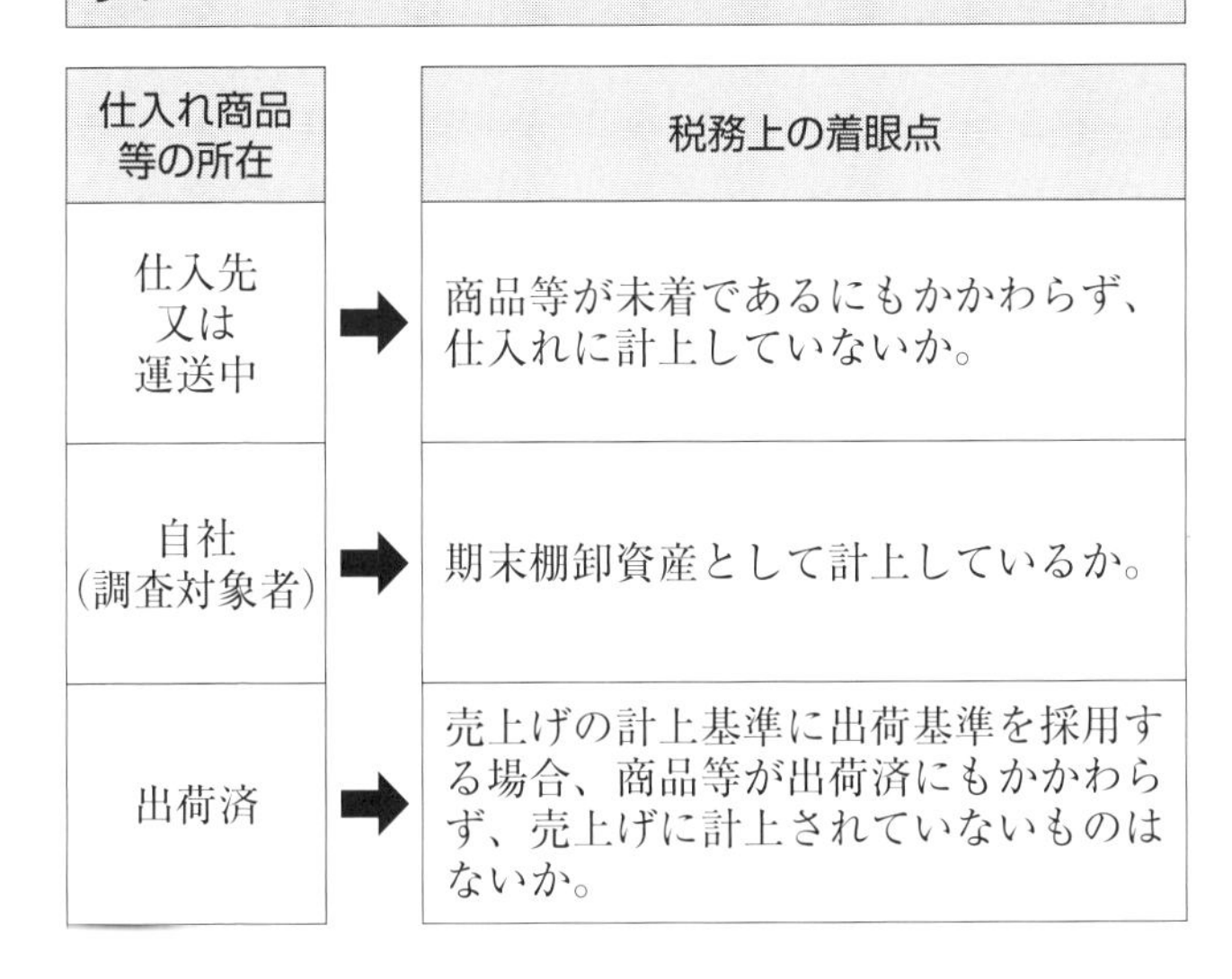

仕入れ商品等の「モノの動き」に着目すれば、決算日にその商品がどこにあるのかによって、税務上の着眼点が異なります！

仕入れ商品等の所在		税務上の着眼点
仕入先又は運送中	➡	商品等が未着であるにもかかわらず、仕入れに計上していないか。
自社(調査対象者)	➡	期末棚卸資産として計上しているか。
出荷済	➡	売上げの計上基準に出荷基準を採用する場合、商品等が出荷済にもかかわらず、売上げに計上されていないものはないか。

事前対策　その5

集計違算は大丈夫ですか

事業規模が比較的大きくなってくると、売上げや仕入れ等の総勘定元帳への記帳は、個々の取引ごとに行うのではなく、補助元帳や売上帳などの補助簿、あるいはその明細を記した集計表等に取引の内容を記帳した上で、月末等に一括して転記します。

主要科目の毎月の集計表

ここでテーマとするのは、総勘定元帳へ一括して転記するために毎月作成される「集計表」です。その集計表には、取引先の名称、当月発生分の取引金額、当月入金分などを記入し、例えば、売上集計表であれば、その当月発生分の取引金額の合計額をそのまま総勘定元帳の売上勘定に転記するプロセスとなります。

集計違算とは

このような集計表を別途作成している場合に誤りやすい事項として、「集計違算」があります。これは、名称のとおり、市販の表計算ソフトで作成した集計表の合計欄の計算結果が間違っている、ということです。

したがって、集計表の合計欄以外の項目について適切に入力されていたとしても、何らかの原因によって合計欄の数値だけが誤ったものとなり、その結果、合計欄の数値を基に転記される総勘定元帳の数値も間違ったものとなるわけです。

集計違算のイメージ

42・43ページの図は、この集計違算のイメージをサンプルで示したものです。集計違算前と比して集計違算後は、売掛金残高集計表の合計欄の数値が3000千円相違しています。その結果、売掛金残高集計表を基に計上される当月の売上高についても、3000千円相違しています。

このようなことが起きないよう、集計表の作成や演算式の設定等に問題がないか確認する必要があります。

集計違算に関する事前対策

売上げ（売掛金）、仕入れ（買掛金）等の会計処理に当たって、別途市販の表計算ソフ

トを利用して集計表を作成している場合には、

①　合計欄の演算式が正しく設定されているかどうか

②　合計欄に含まれない行や列がないかどうか

などについて確認しましょう。

（集計違算後）

○年○月　売掛金残高集計表　（単位：円）

得意先名	前月残	当月発生	当月入金	当月残
（株）Ａ商店	1,250,000	2,300,000	1,250,000	2,300,000
（株）Ｂ自動車	3,400,700	4,908,700	3,400,700	4,908,700
Ｃ（有）	0	561,290	0	561,290
Ｄ販売（株）	3,890,000	430,000	3,890,000	430,000
・	700,800	3,805,100	700,800	3,805,100
・	5,670,000	7,890,000	5,670,000	7,890,000
・	0	110,300	0	110,300
・	900,000	423,890	900,000	423,890
・	3,280,600	6,500,500	3,280,600	6,500,500
・	5,000,000	13,900,700	5,000,000	13,900,700
・	1,200,000	2,340,000	1,200,000	2,340,000
・	6,003,870	1,290,000	6,003,870	1,290,000
・	0	734,000	0	734,000
・	0	42,900	0	42,900
・	279,000	0	279,000	0
・	50,000	0	50,000	0
合計	31,624,970	42,237,380	31,624,970	42,237,380

3,000千円相違

	科目	金額	科目	金額
当月の売上げに関する仕訳	売掛金	42,237,380	売上高	42,237,380
	現預金	31,624,970	売掛金	31,624,970

（集計違算前）

○年○月　売掛金残高集計表　　　　　　　　　　　　　　　（単位：円）

得意先名	前月残	当月発生	当月入金	当月残
（株）A商店	1,250,000	2,300,000	1,250,000	2,300,000
（株）B自動車	3,400,700	4,908,700	3,400,700	4,908,700
C（有）	0	561,290	0	561,290
D販売（株）	3,890,000	430,000	3,890,000	430,000
・	700,800	3,805,100	700,800	3,805,100
・	5,670,000	7,890,000	5,670,000	7,890,000
・	0	110,300	0	110,300
・	900,000	423,890	900,000	423,890
・	3,280,600	6,500,500	3,280,600	6,500,500
・	5,000,000	13,900,700	5,000,000	13,900,700
・	1,200,000	2,340,000	1,200,000	2,340,000
・	6,003,870	1,290,000	6,003,870	1,290,000
・	0	734,000	0	734,000
	0	42,900	0	42,900
・	279,000	0	279,000	0
・	50,000	0	50,000	0
合計	31,624,970	45,237,380	31,624,970	45,237,380

	科目	金額	科目	金額
当月の売上げに関する仕訳	売掛金	45,237,380	売上高	45,237,380
	現預金	31,624,970	売掛金	31,624,970

事前対策 その6

役員給与は原則として損金にはなりません

「役員給与」は、税務調査における重点調査項目のひとつです。

これは、役員給与が一般的に他の経費科目と比べて金額面で多額であるということ、また、経営者等の役員が自らの収入を自ら決定できる立場にあることを利用して、経済的実態とかけ離れた高額な給与を比較的容易に受領し得るからです。

会社法と法人税法による規制

役員給与については、もともと会社法において、お手盛りの弊害を防止する観点から、株主や取締役等によるコントロールが図られるよう整備されています。

また、税務上は、役員給与は損金不算入、すなわち費用にならないというのが、法人税法上の原則的な立ち位置です。法人税法では、①定期同額給与、②事前確定届出給与、③業績連動給与、④過大役員給与など、役員給与を制限するための様々な規定が設けられており、法令で定められたこれらに関する一定の要件を満たさない限り、役員給与は税務上の損金とは認められません。

親族が役員や従業員であれば要注意！

給与を巡る調査事例で記憶に残っているのは、勤務実績がない親族に対して高額な給与

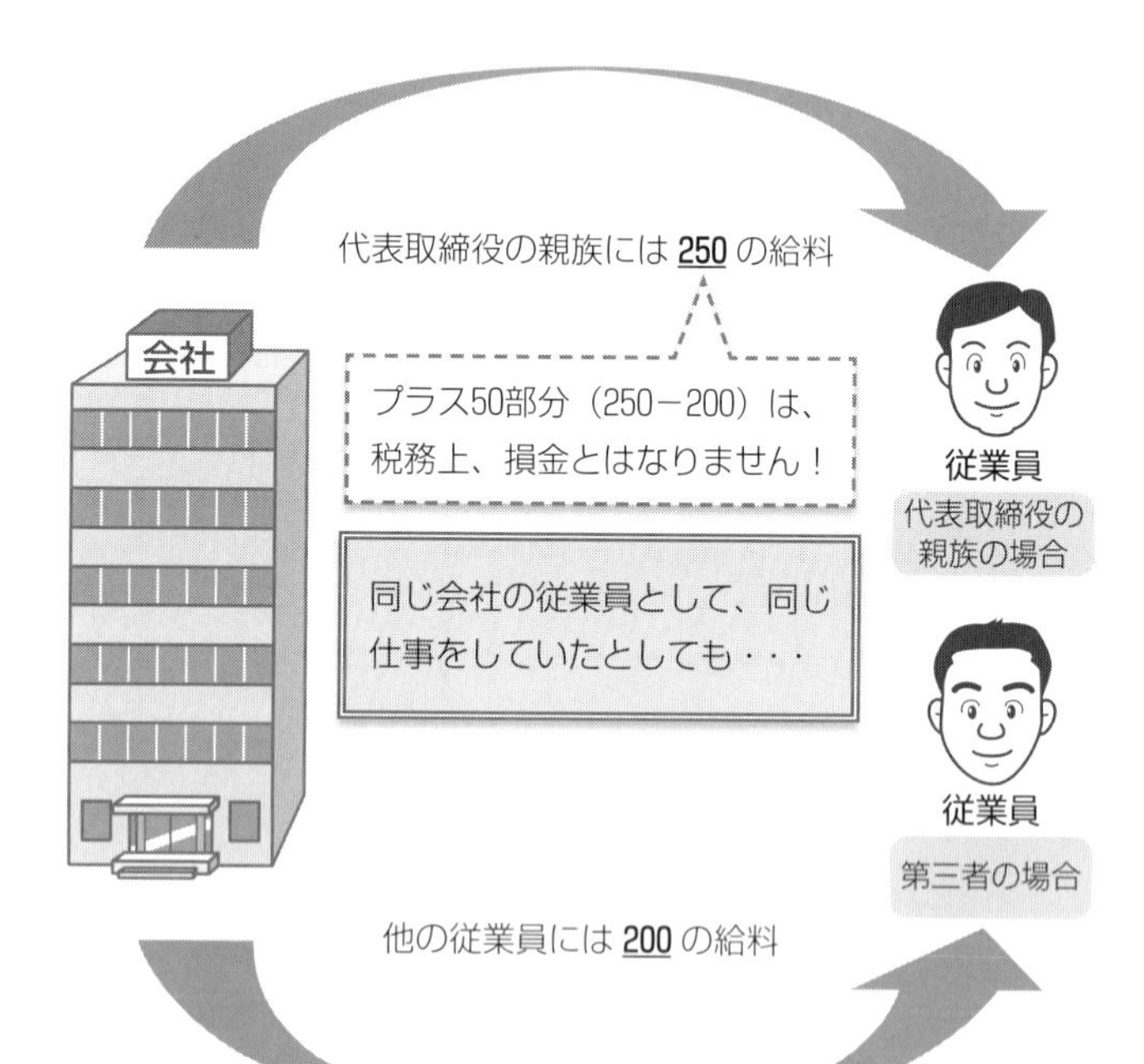
代表取締役の親族には 250 の給料
会社
プラス50部分（250－200）は、
税務上、損金とはなりません！
同じ会社の従業員として、同じ
仕事をしていたとしても・・・
従業員
代表取締役の
親族の場合
従業員
第三者の場合
他の従業員には 200 の給料

を支給していたケースです。親族などの身内に対して甘くなるのは、人としての性ですので、親族に対する給与の査定が、他の従業員等の給与の査定に比べて高くなるのは理解できないわけではありません。

ただ残念なことに、税務調査ではそこの部分を極めて厳しい目で見てきます。親族に対して給与を支給する場合には、その親族が役員であろうが従業員であろうが、事業経営への参画状況や勤務実態等を適切に踏まえた金額としなければなりません。

ダブルパンチ⁉

例えば、法人税の税務調査があり、売上げの計上漏れが把握され、その代金が役員名義の預貯金口座に入金されていたり、あるいは、役員のプライベート費用が会社の費用として処理されていたりした場合には、法人税のほかに、役員個人の所得税（源泉所得税）についても追徴課税されます。

このように、税務調査で役員給与を巡って法人税と所得税の2税目について追徴課税されることを業界用語で、「ダブルパンチを受ける」と呼んでいます。

さらに、この法人税や所得税には、当然に加算税や延滞税も賦課されますので、十分注意する必要があります。

役員給与に関する事前対策

役員給与では、次の事前対策を実施しましょう。

① 毎月の給与（定期同額給与）については、

イ 給与の改定は、定時株主総会等で決議しましょう。

ロ 毎月、決議されたとおりの金額を実際に支払いましょう。

② 賞与（事前確定届出給与）については、

イ　支給の決定は、定時株主総会等で決議しましょう。
ロ　届出書は期限までに確実に税務署に提出しましょう。
ハ　届出書に記載した内容のとおりに支給されたかどうか確認しましょう。
③　役員が代表取締役の親族等で占められている場合には、
イ　経営に参画しているという実態を確認しましょう。
ロ　経営の参画状況を示す資料（議事録、稟議書等）を保存しておきましょう。
④　役員個人のプライベート費用が、会社の経費として計上されていないか再確認しましょう。

税務上、役員給与は規制に囲まれています。

事前対策 その7

役員退職金の算定には明確な根拠が必要です

「役員退職金」は、一般的に高額となることが多く、損益計算書の中でも金額的に目立つ存在ともいえることから、税務調査において重点的にチェックされる項目です。そのため、税務調査の事前対策としては、しっかりとした対応を図っておきたいところです。

功績倍率法

役員退職金の算定プロセスは、実務上、その多くで「功績倍率法」と呼ばれる方法が採用されています。功績倍率法は、退職する役員の会社に対する長年の功績を反映させるという趣旨から、次の算定式が一般的とされています。

役員退職金 ＝ 最終月額報酬 × 役員在職年数 × 功績倍率

ただし、役員退職金の算定方法は、この功績倍率法でなければならないというわけではありません。功績倍率法は、あくまで役員退職金を算定するためのひとつの方法であって、必ずしもこの方法に固執する必要はないのです。

恣意性を排除

役員退職金は、その性質上、役員給与と同様にお手盛りによる弊害が危惧されます。
したがって、役員退職金の算定プロセスや決定方法については、当事者による恣意性を排除する仕組みを構築した上で、明確性や透明性を確保することが重要です。

役員退職金に関する事前対策

役員退職金に関する事前対策としては、次の４点です。

① 役員退職金に係る社内規程が整備されていない場合には、まずは規程を策定しましょう。

② 役員退職金の算定に当たっては、退職する役員の会社に対する貢献度等を適正に反映したものとしましょう。

③ 役員退職金の支給決議は、株主総会又は取締役会等で決定するとともに、議事録を作成しておきましょう。

④ 役員退職金の金額は、会社の支払能力の範囲内で決定すべきですので、支給金額が確

定すれば、その全額を実際に支給しなければなりません。仮に、支給額の全部又は一部を未払いとする場合には、相応の理由等が必要であることに留意しましょう。

事前対策　その8

出向料の負担関係は適正ですか

「出向料」とは、グループ関係会社等との出向契約に基づき、出向者を受け入れた出向先法人が出向元法人に対して支払う人件費相当額です。

なお、ここでいう出向とは、出向者が出向元法人と雇用契約を維持する、いわゆる在籍出向の意義であり、出向者が出向先法人と新たに雇用契約を結ぶ転籍出向（転籍）は含みません。

税務調査で何が問題とされるのか

出向料に関して、税務調査においてよく問題となるのが、出向元法人と出向先法人との給与の負担関係についてです。出向者に対する給与は、本来的には、出向先法人がその全額を負担すべきです。

しかし、一般的に出向元法人に比して出向先法人は資金面が脆弱で、出向者に対する給与のすべてを負担することが困難であることが少なくありません。

そのため、出向者に対して一定の給与水準を維持するなどの目的から、出向元法人が出向先法人あるいは直接出向者に対して給与較差補填金として資金援助をすることがあり、この補填金が、税務上適正といえる範囲内のものかどうかが問題となります。

具体的なパターン

次に税務調査で問題となる具体的なパターンをみていきましょう。

まず、出向元法人が出向先法人に対して適正と認められる補填金相当額以上の支払いをすれば、その適正と認められる金額を超える部分は、税務上は、出向元法人から出向先法人に対する寄附金等と認定されます。

また、出向元法人が出向者に給与を直接支給する場合で、出向先法人が出向元法人に支払う出向料の金額が、実際に出向者に対する給与相当額を必要以上に超える場合には、その超える部分の金額については、税務上、出向先法人から出向元法人への寄附金等として認定されます。

税務調査の経験から

筆者のこれまでの税務調査の経験からは、例えば、海外子会社への出向者に対する給与について、出向後の数か月間、出向元である親会社がその全額を負担していたケースや、出向者の出張旅費や日当の全額を出向先法人ではなく出向元法人が負担していたケースなどがありました。

このように、グループ関連会社等との間で出向契約があり、出向料等の名目で資金授受を行っている場合には、実質的に出向者に対する給与を誰がどのような形で負担しているのか、そして、適正と認められる金額以上の資金が授受されていないか、といった視点から税務調査が進められます。

出向料に関する事前対策

出向料に関する事前対策は、次のとおりです。

① 出向者の給与較差を補填するための補填金が、必要以上に多額なものとなっていないか、出向者に対する実際の給与支給額や出向の目的等に鑑み、その妥当性を確認しましょう。

なお、その補填金が必要以上に多額と認められた場合には、その部分は出向料ではなく、出向先法人に対する寄附金（会社の損金にならない可能性があります）として指摘されますので注意が必要です。

② 出向者の給与については、出向日を境として、出向元法人と出向先法人との負担関係が明確に区分されているか確認しましょう。

③　消費税については、出向料は給与と同様に不課税取引であるため、課税取引となっていないか確認しましょう。

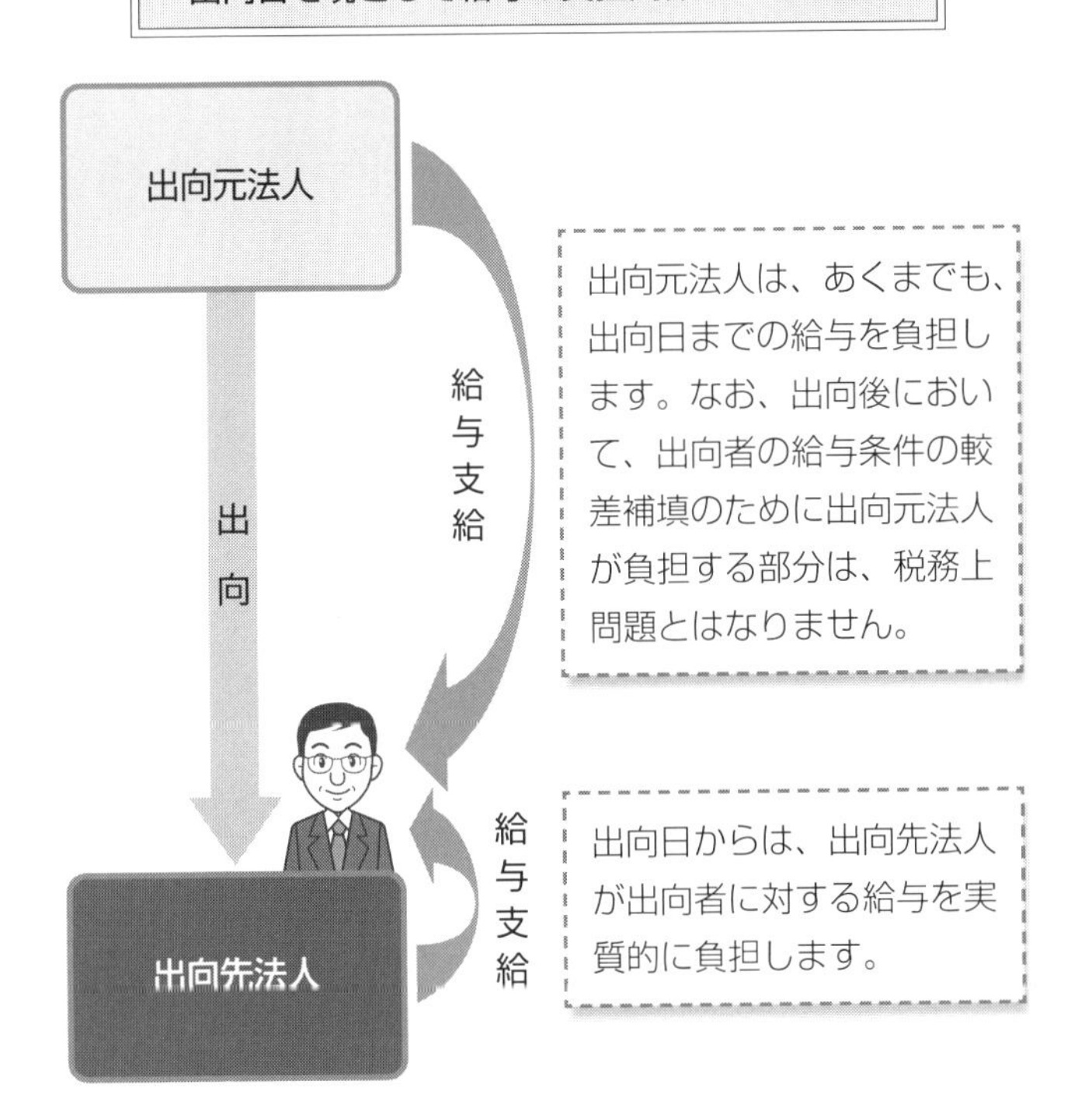
出向日を境として給与の負担関係をチェック！
出向元法人
給与支給
出向
出向元法人は、あくまでも、出向日までの給与を負担します。なお、出向後において、出向者の給与条件の較差補填のために出向元法人が負担する部分は、税務上問題とはなりません。
給与支給
出向先法人
出向日からは、出向先法人が出向者に対する給与を実質的に負担します。

事前対策 その9

決算賞与の要件は満たしていますか

「決算賞与」とは、決算を迎えるに当たって当期の業績が好調であったことから、従業員に対して臨時的に支給されるボーナスのことです。

通常の賞与との違い

従業員に対する賞与は、税務上、支給した時に損金となるのが原則ですが、決算賞与は、支給した時ではなくその支給を従業員に通知した時に損金となる点が通常の賞与と異なります。すなわち、決算賞与は従業員に支給していないのに会社の損金に算入できるわけです。

なお、この決算賞与の対象者は、あくまでも従業員（使用人）のみであって、役員に対する賞与は含まれません。役員に対して賞与を支給する場合には、事前確定届出給与として前もって税務署にその旨を届け出ておかなければならず、賞与に関する取扱いに関しては、役員と従業員とでは全く税務上の取扱いや手続等が異なるという点に留意してください。

３つの要件

決算賞与は、税務上、次の３つの要件をすべて満たす場合に限って、従業員に対して賞与がある旨を通知した時に損金に算入できます。

①　賞与の支給額を各人別に、かつ同時期に支給を受けるすべての従業員に対して通知を

していること。

② ①の通知をした金額を通知したすべての従業員に対して、その通知をした日の属する事業年度終了の日の翌日から1か月以内に支払っていること。

③ 賞与の支給額について、①の通知をした日の属する事業年度において、株主総会等の承認を得た確定した決算で費用計上（損金経理）していること。

税務調査の思い出

決算賞与に関しては、これまでの税務調査において多くのドラマがありました。

特に、課税逃れを目的として架空の決算賞与を計上し、先の3つの要件を満たしていたと仮装するため、経営者と従業員が口裏合わせしていた事例が印象に残っています。

決算賞与に関する事前対策

決算賞与に関する３つの要件のうち、①の通知については、

イ　決算日までに行うこと

ロ　賞与を支給するすべての従業員に対して直接行うこと

ハ　単に賞与があるということだけではなく、支給金額と支給時期を明確にすること

に特に留意しましょう。

この点、決算賞与を支給する旨の通知は、口頭ではなく文書やメールなど証拠力の強い伝達方法で行いましょう。

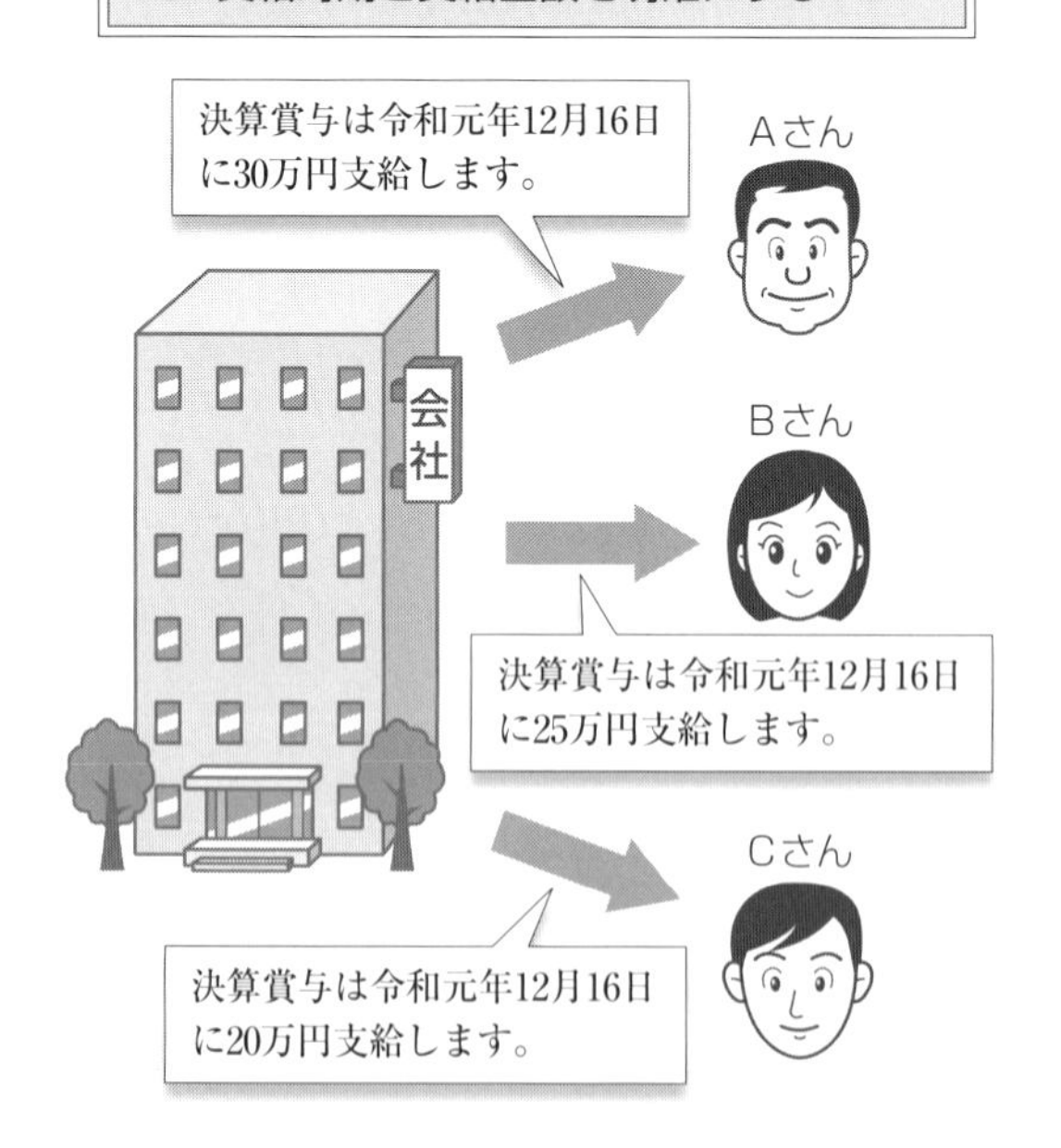
決算賞与を支給する旨を従業員へ通知する際の留意点は、次の３つです。
イ　決算日までに行う
ロ　支給者全員に直接行う
ハ　支給時期と支給金額を明確にする
決算賞与は令和元年12月16日に30万円支給します。
Aさん
会社
Bさん
決算賞与は令和元年12月16日に25万円支給します。
Cさん
決算賞与は令和元年12月16日に20万円支給します。

事前対策 その10

個人的費用の付け込みはないですか

「個人的費用の付け込み」とは、経営者やその親族に係る個人的な費用を会社の経費として計上することです。このようなことは、言うまでもなく本来あってはならないことです。しかし、いわゆるオーナー会社等の場合には、内部牽制が有効に機能せず、オーナーの気持ち一つで個人的費用とするのか、会社の費用とするのかを実質的に決定できる側面もあることから、税務調査においてよく問題となります。

飲食・旅行費用

中でもよく問題となるのは、個人的費用と会社の費用が混同しやすい飲食費用や旅行費用などです。

これらの費用は、レシートや領収書の保存のみで、具体的な参加者や支出の目的などが必ずしも明らかではないことがあります。そのため、税務調査ではたとえ会社が負担すべき支出であったとしても、その内容によっては個人的費用ではないかと疑念を抱かれることもあります。

事前対策の基本姿勢

個人的費用の付け込みに関する事前対策を行う上で改めて認識しておくべきことは、個人的費用か会社の費用かの税務上の判断を一義的に行うのは、経営者ではなく、税務調査を行う調査担当者であるということです。

したがって、事前対策を行う基本姿勢としては、やはり甘く判断するのではなく、ある程度厳しい目で判断する必要があります。

同時に、個人的費用の付け込みの有無は、税務調査において厳しい目でチェックされることがあらかじめ分かっています。そういう意味でも、事前対策の段階で甘く判断してしまうと、結果的に事前対策を行ったことにはなりませんし、税務調査があった場合に問題点として指摘されます。

個人的費用の付け込みに関する事前対策

個人的費用が関連する可能性のある勘定科目（交際費、旅費交通費、福利厚生費、会議費など）については、請求書等からその内容を確認した上で、会社が負担すべき費用で問違いないか検討しましょう。

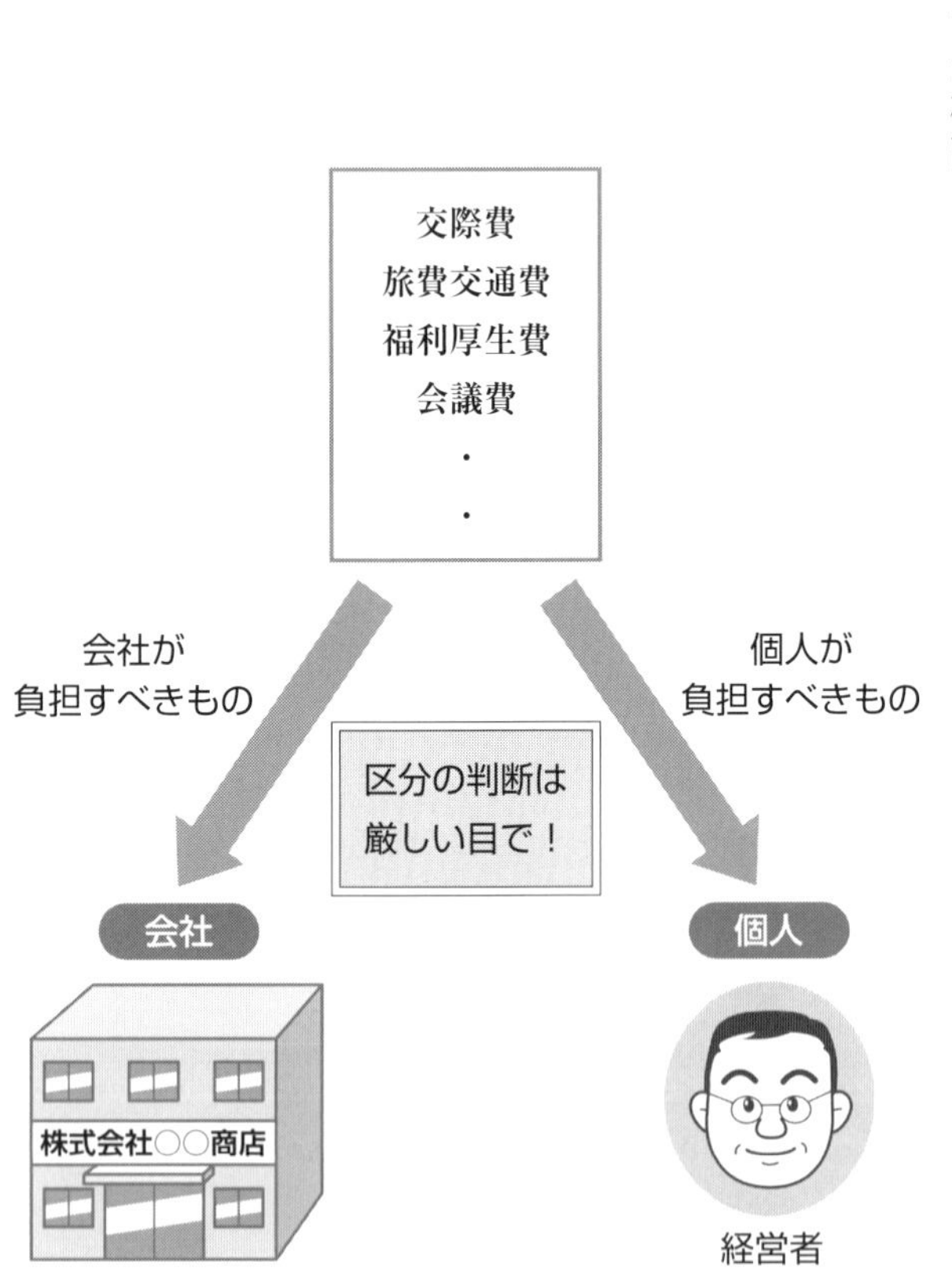

事前対策 その11

会社と経営者との取引は要注意です

会社と経営者との間では、資産の売買や賃貸、資金の貸借など様々な形で経済取引が行われています。

時価とは

このような場合に、いわゆる「時価」で適正に取引されるのであれば、税務上、特に問題は生じません。時価については、税法上明確な定義はありませんが、その時点における公正な価額と考えておけばよいでしょう。

税務上問題となるケース

会社と経営者との間で取引が行われる場合、その取引条件等の決定権は経営者にありますので、時価以外の価額で取引されることもあり得ます。このように、時価以外の価格で取引される場合に税務上の問題が生じます。

この点、時価以外の価額で会社と経営者の間で取引があった場合、時価よりも高いのか低いのかによって、言い換えれば、得をするのはどちらで、損をするのはどちらなのかによって、課税上の取扱いも相違します。

無償による取引

例えば、経営者が所有する資産を会社に無償で譲渡した場合には、

① 経営者は、資産の時価相当額がみなし譲渡として所得税の課税対象となる
② 会社は、資産の時価相当額が受贈益として収益に計上される

ことから、経営者と会社の双方に課税関係が生じます（**図1**参照）。

一方、会社が所有する資産を経営者に無償で譲渡した場合には、

① 経営者は、資産の時価相当額が役員給与（経済的利益）として所得税の課税対象となる
② 会社は、資産の時価相当額が損金不算入の役員給与となる

ことから、この場合も経営者と会社の双方に課税関係が生じます（**図2**参照）。

このように、会社と経営者との間で時価以外の価額で資産の譲渡をした場合には、原則として会社と経営者の双方に課税上の問題が生じ得ますので、この点を十分に認識した上で取引価額等の条件を決定する必要があります。

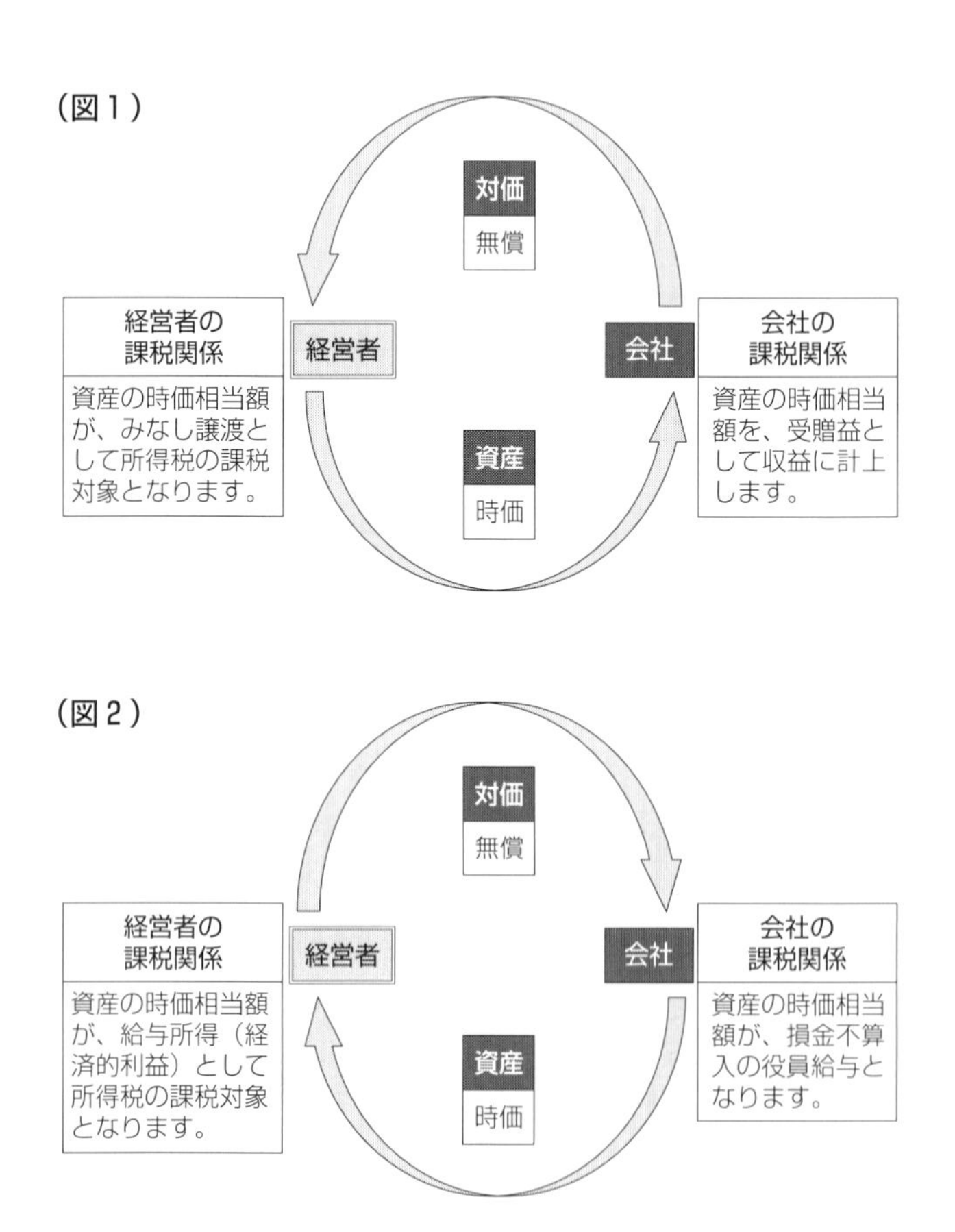
(図１)
対価
無償
経営者の
課税関係
経営者
会社
会社の
課税関係
資産の時価相当額が、みなし譲渡として所得税の課税対象となります。
資産
時価
資産の時価相当額を、受贈益として収益に計上します。
(図２)
対価
無償
経営者の
課税関係
経営者
会社
会社の
課税関係
資産の時価相当額が、給与所得（経済的利益）として所得税の課税対象となります。
資産
時価
資産の時価相当額が、損金不算入の役員給与となります。

会社と経営者との取引に関する事前対策

会社が経営者との間で取引をする場合の取引価額は、できる限り時価に近い金額で決定すべきです。

なお、この視点は、グループ関係にある会社間で取引する場合も同様です。

また、取引価額の決定に当たっては、仮に第三者であればいくらで取引するのかという観点から検討することがポイントです。

事前対策 その12

交際費等が他の経費科目に含まれていませんか

税務上、会社が支出した交際費等は、原則として損金にはなりません。これは、社会全体として冗費を抑制し、健全な取引慣行を促進するといった政策的な考え方に基づくものです。

ただし、交際費等のうち飲食費については、その50％が損金になります。さらに、資本金が1億円以下の中小法人等は、年間８００万円までであれば支出した交際費等の全額が損金になります。

他科目交際費とは

会社に対する法人税の税務調査では、従来から、交際費等に関する指摘事項は少なくありません。その典型パターンといえるものが、「他科目交際費」です。

他科目交際費とは、交際費以外の科目、具体的には、会議費、広告宣伝費、支払手数料、福利厚生費など支出した金額の全額を損金に算入できる科目の中に、税務上の交際費等に該当する支出が含まれているというものです。

交際費の判断基準

実務上、税務上の交際費等に該当するかどうか、その判断に迷うケースもよく見受けられます。そのような場合に、国税庁ホームページの情報や市販の書籍等を参照にすることも有用だと思います。

■ 税務上の交際費等を判断するための２つのキーワード

事業関係者	現在の事業関係者だけでなく、将来において事業関係者になる見込みの者も含みます。 役員や従業員も事業関係者に含まれますが、経済的利益（給与）として源泉所得税を徴収する場合には、交際費等には含まれません。
支出の目的	支出の目的が、接待・供応（食事やお酒でもてなすこと）、慰安（労をねぎらうこと）、贈答（物を送ること）に該当するかどうかが重要です。

ただ、筆者がこれまでにいただいた交際費等に関するご相談の中には、税務上の交際費等の意義を適切に認識することで解決できるものも少なくありませんでした。この意義とは、①支出の相手方が事業関係者であること、②支出の目的が、接待・供応・慰安・贈答に該当することの２つです。税務上の交際費等に該当するかどうか迷う場合には、まずはこの意義に該当するか否かを検討しましょう。

他科目交際費に関する事前対策

交際費以外の費用科目の中で、事業関係者に対して、接待・供応・慰安・贈答を目的に支出したものがないか確認しましょう。特に、会議費、支払手数料、雑費、福利厚生費などの科目に注意しましょう。

なお、消費税の経理処理に税抜経理方式を採用し、①課税売上高が５億円を超える、②課税売上割合が95％未満である、のいずれかに該当する場合には、交際費等に係る控除対象外消費税を別途計算した上で、その部分を税務上の交際費等に加算（プラス）しなければなりません。この加算漏れが実務上よく見受けられますので、①又は②に該当する場合には、この点も併せて確認しましょう。

事前対策　その13

減価償却資産を事業のために実際に供用しないと減価償却費の計上は認められません

税務調査において、「減価償却費」に関する指摘事項は少なくありません。

その中でも筆者の実務経験から強く印象にあるのは、減価償却資産を取得した後、会社の事業のために未だその資産を供用していないのに減価償却費を計上していた、というものです。

「取得」と「供用」の違い

すなわち、取得した減価償却資産について減価償却費を計上できるのは、あくまでもその減価償却資産を実際に会社の事業のために「供用」していることが前提であって、単にその資産を「取得」したからといって、直ちに減価償却費として損金に算入できるわけではありません。

決算日直前の取得に注意

特に、税務調査で問題となるのが、決算日直前に取得した減価償却資産に係る普通償却費や特別償却費です。

この点、決算日直前の取得であれば、普通償却費の計算上は月数按分しますので、金額的にさほど大きいものではないかもしれません。

しかし、特別償却費については、決算日直前に取得したからといって月数按分することはありませんので、普通償却費と比して相当多額なものとなります。したがって、普通償却費に加えて特別償却費も計上している場合には、通常、当期純利益に与える影響も大きく、税務調査において重要な着眼点のひとつとなり得るわけです。

特別償却費とは

特別償却費とは、所得税法や法人税法ではなく租税特別措置法に規定されている制度で、特定の政策目的のために一定の要件に該当する減価償却資産について、普通償却費のほかに特別償却費として別枠で損金に算入できる、というものです。いわば、名前のとおり特別のボーナスとして、多めに償却費を計上できるわけです。

したがって、決算日直前に特別償却費の適用対象となる減価償却資産を取得し、普通償却費と特別償却費を計上しているような場合には、税務調査においては、その減価償却資産が決算日までに実際に会社の事業のために供用されたかどうかという視点から、関係資料等の確認や関係者に対する聞き取り調査などを実施して、その実態解明を行っていきます。

このように、減価償却費を計上するためには、その資産の「取得」ではなく「供用」が必要ですので、税務調査においても、実際の供用日はいつなのか、翌期にずれ込んでいないか、といった観点から調査展開を図ります。

新たに減価償却資産を取得した場合の事前対策

新たに取得した減価償却資産については、その資産をいつから会社の事業のために供用したのか確認しましょう。

供用がないと、減価償却費の計上自体できない！

減価償却資産の取得 ＋ 供用 ＝ 減価償却費の計上 ＯＫ

減価償却資産の取得 ＝ 減価償却費の計上 ＮＯ

これだけだと減価償却費は計上できない！

特に、決算日直前に取得し、特別償却費を含む減価償却費を計上している場合には、当該資産に係る設置完了証明書や試運転完了報告書、作業報告書など、実際の供用日がわかるような資料をチェックして、決算日までに供用していることを確認しましょう。

事前対策　その14

固定資産の取得価額に漏れはありませんか

本書でご紹介する法人税調査のための事前対策のうち、是非行っていただきたいもののひとつが、この「固定資産の取得価額」に漏れはないかという論点です。

問題意識

仮に、固定資産の取得価額に含めるべきものが含められていないということになれば、通常、その支出は費用として全額計上されているはずです。すなわち、費用が過大に計上され、その分税金が少なくなっているわけです。

税務上問題となるケース

中でも税務上よく問題となるのは、固定資産の取得に当たって付随的に支出した費用や、固定資産を実際に事業の用に供するために支出した費用が取得価額に含まれていない、といったケースです。

そこで、税務調査では、会社が新たに固定資産を取得している場合には、固定資産の取得価額に含めるべき支出が他になかったかどうかをチェックしていきます。

税務的にも会計的にも最初が肝心

固定資産の中でも減価償却資産の場合には、その取得価額が確定すれば、以後はその金額をベースとして、毎期所定の償却方法によって減価償却費を計上していくプロセスとなります。

言い換えれば、固定資産の取得価額の算定が、以後の減価償却費という費用計上のパターンを決定する、ということができますので、税務的にも会計的にも最初の取得価額の算定が肝心です。

固定資産の取得価額に関する事前対策

新たに取得した固定資産については、本体の取得対価以外に、その資産を取得するため、あるいは実際に事業の用に供するために支出したものがないか、当該資産の管理責任者等へ確認しましょう。

また、修繕費や消耗品費等の科目の中に固定資産の取得価額に含めるべき支出が含まれていないか併せて確認しましょう。

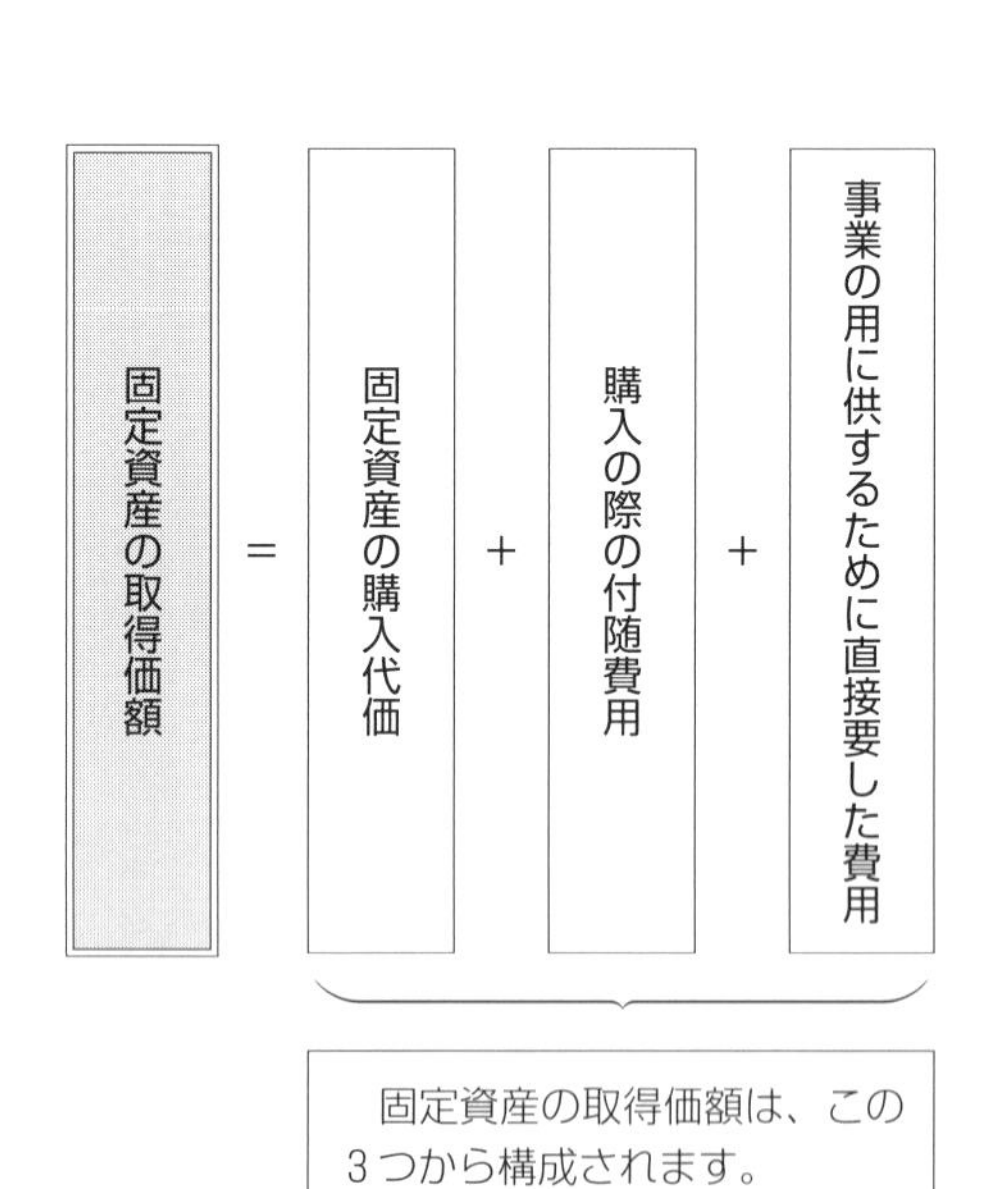
固定資産の取得価額
＝
固定資産の購入代価
＋
購入の際の付随費用
＋
事業の用に供するために直接要した費用
固定資産の取得価額は、この3つから構成されます。

事前対策 その15

減価償却資産の耐用年数の判定は慎重に

減価償却費をめぐる様々なご相談のうち、筆者の実務経験から最も多かったといえるのが、「取得した減価償却資産の耐用年数は何年になるのか」ということでした。

問題の本質

この問題の本質には、法定耐用年数表で区分される建物や建物附属設備などの資産の種類について、その意義が必ずしも明確でない部分があることや、消費者ニーズの高まり及び技術開発の進展などにより商品等の多品種少量化が加速したこと、などが背景にあります。

耐用年数の判定の重要性

減価償却は、資産の利用期間（耐用年数）にわたって、適正な期間損益計算の観点から計画的、規則的に費用配分する手続きです。したがって、耐用年数を誤った場合には、減価償却費の計算はもちろん、当期純利益や課税所得金額への影響も避けられません。

種類の判定は慎重に

冒頭に申し上げたように、減価償却資産の耐用年数に関しては数多くのご相談をいただきましたが、その中で重要であると感じることは、建物・建物附属設備・構築物などの減価償却資産の種類について、その定義をしっかり認識した上で慎重に判断するということです。

なぜなら、減価償却資産の種類の判断を誤った場合には、耐用年数が大きく相違する結果となってしまうからです。

減価償却資産の耐用年数に関する事前対策

減価償却資産の耐用年数の判定に当たっては、次の表にあるような各種類の定義等を参考にしましょう。

種　類	定　　義　　等
建　物	土地に定着して建設された工作物で、周壁、屋根を有し、住居、工場、貯蔵又はこれらに準ずる用に供されるもの。 建物の範囲としては、通常、建物の基礎、柱、壁、はり、階段、窓、床等の主物及びその従物たる建具（畳、ふすま、障子、ドアその他本体と一体不可分の内部造作物）をいう。
建物附属設備	建物に固着されたもので、建物の使用価値を増加させるもの又は維持管理上必要なもの。
構築物	土地に定着する土木設備又は工作物。 ただし、生産工程の一部としての機能を有するものは、機械装置に該当する。
車両及び運搬具	自動車登録規則による登録の有無や自走能力の有無で判定するのではなく、人や物を運搬するものかどうかによって判定する。
工　具	通常、工具とは、 ①機械作業の補助的手段に用いる ②運動の転換機能がない ③それ自体は作業しない などの要素があるものをいう。
器具及び備品	通常、器具及び備品とは、 ①構造上、建物と物理的又は機能的に独立・可分である ②建物本来の効用を維持する目的以外の固有の目的で設置されている ことが要件とされる。
機　械	一般的に生産工程の一部としての機能を有するもので、通常、 ①剛性のある物体から構成されている ②一定の相対運動をする機能を持っている ③それ自体が仕事をする の要素を充足するもの。
装　置	装置とは、広義的には、工場等の用役設備全体のことであり、一般的に、 ①剛性のある物体から構成されている ②一定の相対運動をする機能を持っているか、それ自体が仕事をする ③機械とともに又は補助用具として工場等の設備を形成し総合設備の一部として用役の提供を行うもの の総称である。

事前対策 その16

資本的支出と修繕費の区分は適正ですか

「資本的支出と修繕費の区分」は、税務調査において課税当局と見解が相違しやすい論点のひとつです。これは、既に有する固定資産に対して一定の追加投資の支出を行った場合に、その支出が固定資産（資本的支出）となるのか、費用（修繕費）となるのかということです。

意義

「資本的支出」とは、既に有する固定資産に対して支出した金額のうち、その固定資産の使用可能期間を延長させたり、価値を増加させたりする部分に相当するものです。

一方、「修繕費」とは、既に有する固定資産に対して支出した金額のうち、その固定資産を維持管理したり、毀損部分の原状回復に充てたりする部分に相当するものです。

こうして文章で整理すると明確に区分できるようにも思えるのですが、現実には両者の中間に位置するような支出も存在するため、なかなかスパッとした形で両者の間を線引きすることが容易ではありません。

実務上の判断基準

そこで、資本的支出と修繕費の区分については、「法人税基本通達」という課税当局部内の取扱規程で整理されており、実務上はこの通達をよく参照しています。

ただ、それでも資本的支出と修繕費の区分の問題は、税務調査で課税当局と意見が対立するケースが多いため、しっかりと対策しておきましょう。

資本的支出と修繕費の区分に関する事前対策

既に有する固定資産に対して一定の追加投資の支出を行った場合には、その支出の内容等について見積書や請求書等を確認しつつ、法人税基本通達に沿った取扱いとなっているか、次のフローチャートを参照しながらチェックしましょう。

■資本的支出と修繕費の区分等の基準（フローチャート）

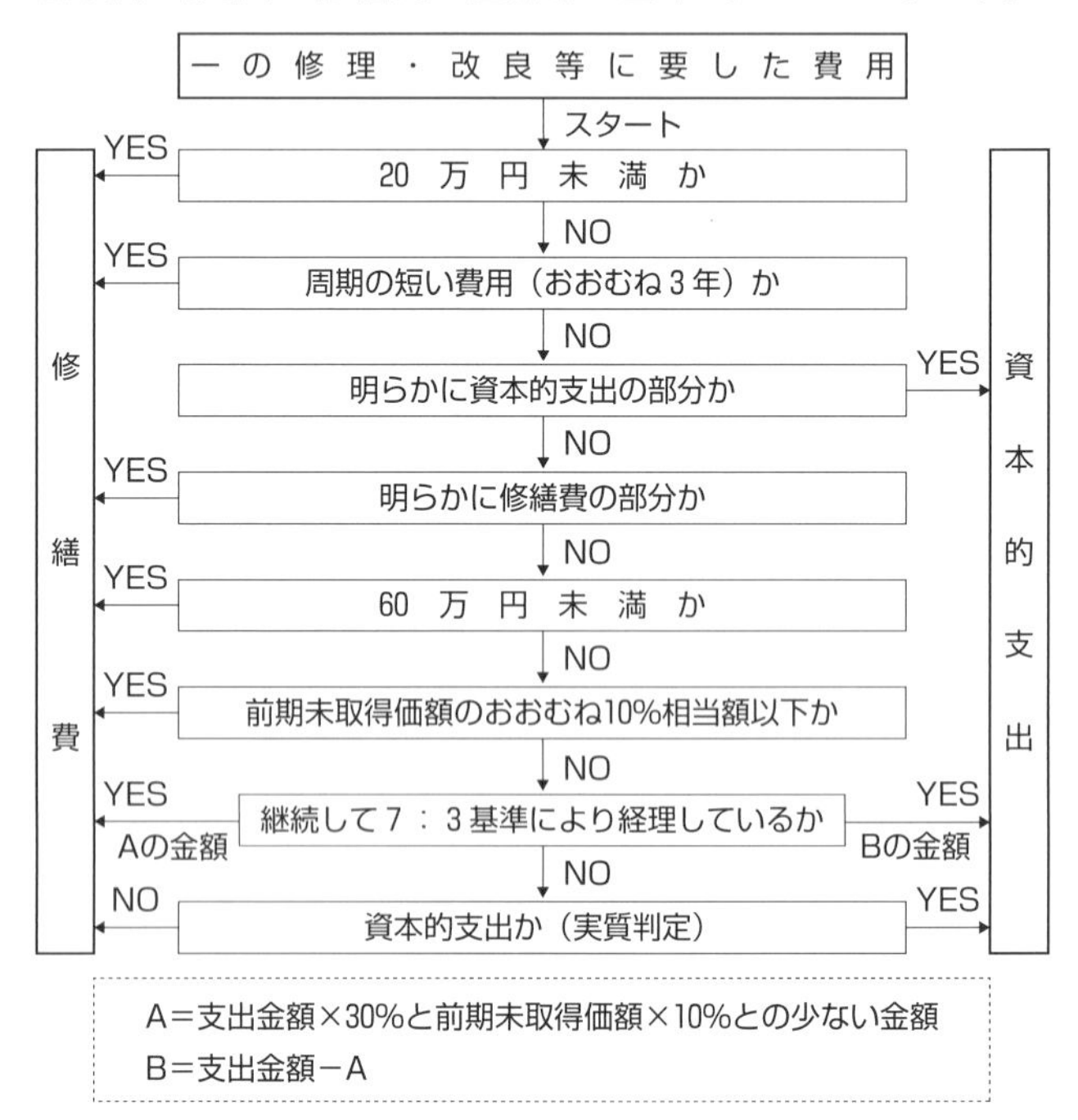

（注）7：3基準とは、上記のAの金額を修繕費、Bの金額を資本的支出として経理することをいいます。

なお、資本的支出と修繕費の区分の判定に当たって、常に意識しておくべきキーワードは、「積極的」と「消極的」です。これは、固定資産に対して積極的な投資であれば資本的支出、消極的な投資であれば修繕費とする考え方です。若干抽象的な表現ではありますが、税務や会計の世界では、こうした基本的な相違点を重視して判断していく場面も少なくありません。

事前対策 その17

貸倒損失の計上時期は大丈夫ですか

「貸倒損失」とは、貸したお金（貸付金）に対する金銭債権や、売上げに対する対価（売掛金）である売掛債権について、債務者の事情等によってやむなく回収できないこととなったため、その債権を放棄して損失に計上することです。もちろん、貸付金や売掛金の回収ができないという事態は避けたいわけですが、実務上よく見受けられます。

税務上の問題点

税務上よく問題となるのは、まだ貸倒損失に計上できる時期ではないにもかかわらず、早めに計上してしまうケースです。早めに費用に計上すれば、その段階で支払う税金が少なくて済みます。筆者が経験した税務調査における否認事例の大半も、この早期計上に関するものでした。

また、会社が有する債権を貸倒損失に計上した後、経営者が個人的にその債権を裏で回収していた事例もありました。

貸倒損失は、税務調査があれば必ずチェックされる事項ですので、しっかりと事前対策を行っておきましょう。

貸倒損失の計上時期に関する事前対策

金銭債権や売掛債権について、税務上、貸倒損失が認められるためには、少なくとも、

① 会社更生法などにより法律的に回収できないことが確定した場合は、それが確定した段階で計上する

② ①以外の場合であれば、当方としてはその債権を回収するつもりはありませんという意思を明確にする

ことが必要です。

なお、②の意思を明確にする意味で、例えば、債権放棄する旨を内容証明郵便により送付しておくことも有用です。

税務上、貸倒損失の計上が認められる主な場合は、次の４つです。

1	法律的に回収できないことが確定した場合	確定する前に貸倒損失に計上していませんか？
2	債務者の債務超過が相当期間続き、弁済不能のため書面で債務免除した場合	書面で明らかにされた金額が対象です！
3	担保物がなく、かつ債権の全額が回収不能である場合	回収の可能性が少しでもあれば、貸倒損失には計上できません！
4	売掛債権で、担保物がなく、かつ取引停止後１年以上経過した場合等	金銭債権を対象にしていませんか？

事前対策 その18

現預金の支出に対する税務上の着眼点とは

経費の支出や資産の取得を行った場合には、通常、「現預金の支出」を伴います。この現預金の支出が伴う取引について、税務調査では一体どのような着眼点で調査を進めていくのでしょうか。

調査に王道なし

税務調査の担当者は、自らの調査経験を活かしつつ、個々の会社の経営環境や経理状況に応じて、様々なアプローチで取引の実態や真実に迫っていきます。

この点、税務調査のやり方、つまり調査手法に関して、「調査の王道」といえるような画一的な方法や手順が存在するわけではありません。

ただ、少なくとも現預金の支出があった場合における基本的な税務上の着眼点のようなものはあります。

税務上の着眼点

次のフローチャートは、現預金の支出に関する基本的な税務上の着眼点を図式化したものです。

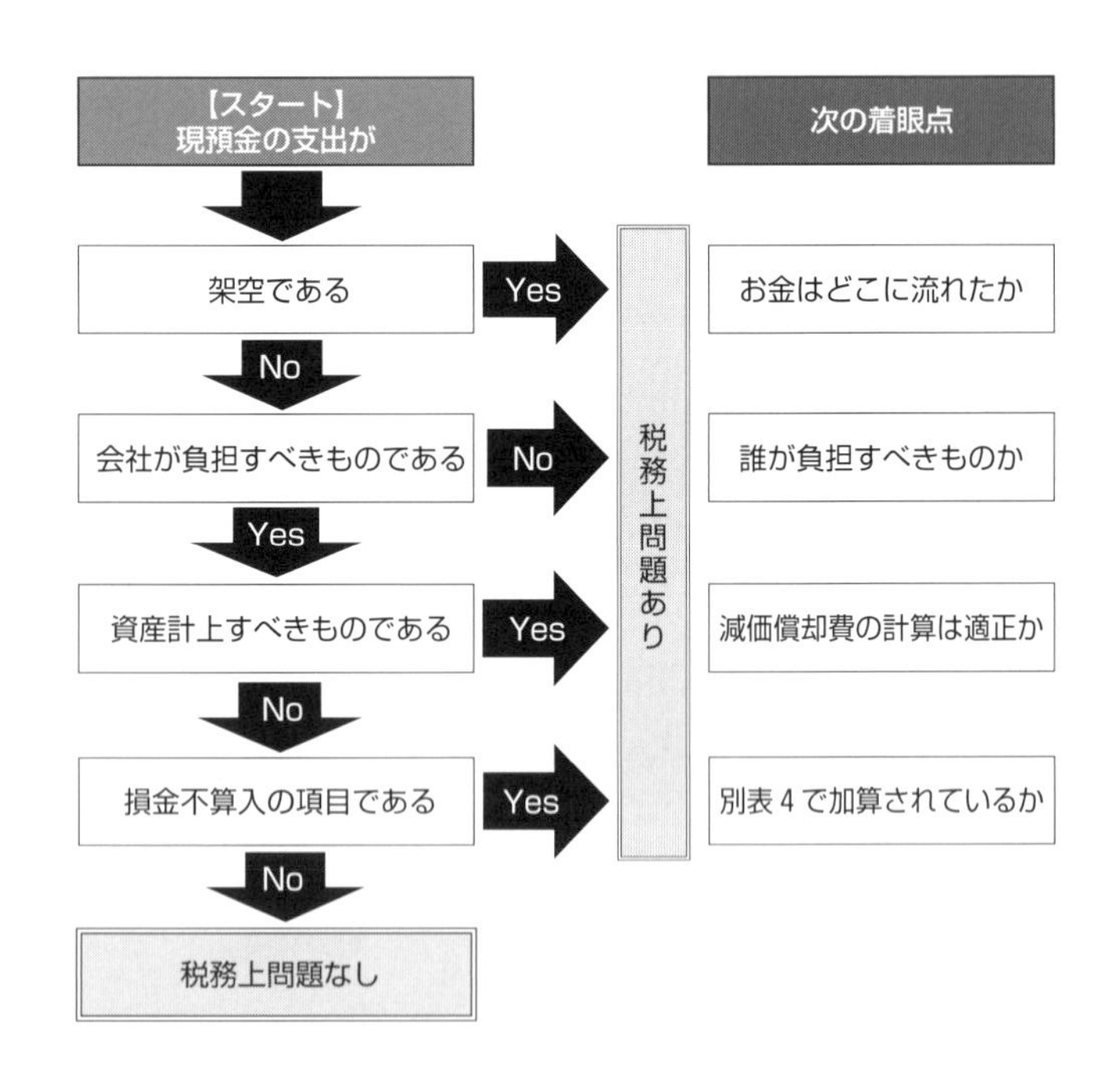
【スタート】
現預金の支出が
次の着眼点
架空である
Yes
お金はどこに流れたか
No
会社が負担すべきものである
No
誰が負担すべきものか
Yes
資産計上すべきものである
Yes
減価償却費の計算は適正か
No
損金不算入の項目である
Yes
別表４で加算されているか
No
税務上問題なし
税務上問題あり

架空か否か

最初の着眼点は、現預金の支出が架空の取引かどうかということです。これは、経費等を架空計上することにより、簿外資金をねん出することがあるからです。

仮に現預金の支出が架空であれば、次の着眼点は、そのお金はどこに流れたのか、つまり、何の用途に使用されたのか、別途預貯金として蓄えられたのか、などについて検討します。

会社が負担すべきか否か

現預金の支出が架空ではないとすると、次に、その支出は会社が負担すべきものであったかどうかを検討します。

仮に会社が支払うべきものでなかった場合、次の着眼点は、誰が負担すべきものであったのかとなります。経営者が負担すべきものか、それともグループ会社等が負担すべきものか、その帰属先を明確にしなければなりません。

資産計上すべきか否か

現預金の支出が会社に帰属するとした場合、次に、その支出が資産計上すべきものでないかを検討します。

仮に資産に計上すべきものであった場合、次の着眼点は、減価償却費の計算が適正に行われているかどうかということになります。

損金不算入の項目か否か

現預金の支出が資産ではなく、費用に計上できるものであった場合、次に、その支出が交際費等や寄附金など税務上損金不算入（費用とは認められない支出）となる項目に該当するか否かを検討します。

仮に損金不算入の項目であれば、次の着眼点は、その支出が法人税申告書（別表四）で適正に加算処理されているかどうかということになります。

以上のような検討を個々に積み重ねながら、税務上問題があるのかないのかを判断していきます。

現預金の支出に関する事前対策

現預金で支払った経費等のうち、例えば、金額的に多額のものや、非定型的なパターンで支出したもの、あるいは支出の目的が若干曖昧なものなどについて、前述したフローチャートを参考に、その適否を確認してみましょう。

事前対策　その19

保険積立金に計上すべきものはないですか

養老保険等で積み立てられる「保険積立金」とは、会社が支払った保険料の一部がそのまま預貯金と同様に、保険会社等で積立金として運用されるものです。

したがって、支払った保険料は、費用ではなく保険積立金として会社の資産に計上しなければなりません。

税務調査の思い出

保険積立金については、筆者の実務経験において思い出に残っている出来事があります。それは、税務署で法人税調査を担当してまだ間もない頃です。当時はまだまだ社会人としても未熟で、会社の社長さんと会話することにすら緊張し、税務調査で一体何をどのようにしたらいいかわからず、現場でよく冷や汗をかいていました。なかなか税務上の問題点を見つけることができず、一人前の調査マンとして仕事ができない、いつになったら本来の「調査」というものをできるようになるのだろうか、そんなことを考えながら不安と悔しさで眠れない夜もありました。

先輩からのアドバイス

そんな時、職場の先輩から、あるアドバイスをいただいたのです。それは、「会社が保険料を払っているなら、保険証券を確認してみたら」という何気ない一言でした。最初はその言葉の意味がよくわからなかったのですが、その真意を改めて尋ねると、保険証券の現物をみて、保険積立金に計上すべき金額があるかないかを確認してみたらどうか、ということでした。

保険料は、必ずしもそれを支払った段階でその全額が費用になるわけではなく、契約内容によって保険積立金として資産に計上しなければならない部分もあるのです。

そのアドバイスを頂いてから程なくして、損益計算書で保険料の計上があるものの、貸借対照表に保険積立金の計上がない会社に対する法人税の税務調査を行いました。その中で、関係する保険証券を確認した結果、保険積立金として計上すべき部分があることを把握しました。なお、その先輩には誰よりも先に調査結果を報告しました。

保険積立金の計上に関する事前対策

保険料の支払いがある場合には、保険証券の内容を確認して、支払った保険料のうち、保険積立金として資産に計上すべきものがないかチェックしましょう。

保険料の支払いがあれば、保険証券をチェックしよう！

★★保険証券

保険契約者	株式会社●●商店
保険受取人	■■　■■
保険積立金	保険料の10％

事前対策 その20

短期前払費用の要件は満たしていますか

「前払費用」とは、一定の契約に従い継続して役務の提供を受ける際、未だ提供されていない役務に対して支払われる対価のことです。したがって、会計的には、時の経過とともに翌期以降に対応させるべき支出であるため、貸借対照表上、前払賃借料や前払保険料等の科目名で「資産」に計上するのが原則です。

この前払費用に関して、税務的には、「短期前払費用」という独特の取扱いがあります。

短期前払費用とは、賃借料や保険料等を一括で前払いした場合に、一定の要件を満たすものに限ってその全額を損金に算入できるものです。

したがって、短期前払費用は、いわば将来に認識すべき費用を当期に繰り上げて計上するわけですから、納税者有利の保守的な取扱いであるということができます。

ただ一方で、この取扱いを逆手にとって、意図的に税金を少なくしようとするようなケースがあることも否めません。

適用要件とは

短期前払費用の取扱いを適用するための要件は、次のとおりです。

① 一定の契約に基づき継続的に受ける役務の提供であること
② 決算日において未だ役務の提供を受けていないこと
③ 対価を支払った日から1年以内に受ける役務の提供であること
④ 以後、継続的に支払ベースで損金算入すること

これらを踏まえた上で、次の事前対策を実施しましょう。

短期前払費用の計上に関する事前対策

短期前払費用の取扱いを適用するに当たっては、前述の適用要件に該当するかどうかをチェックするほか、次の例を参照しましょう。

なお、グループ関係にある会社間で清掃や警備等の役務提供に関する業務契約を締結し、その業務報酬を短期前払費用として処理するケースがあります。しかし、こ

〔短期前払費用の取扱いを適用できる支出の例〕

○土地や建物等の賃借料
○保険料
○借入金利子、手形割引料
　信用保証料

〔短期前払費用の取扱いを適用できない支出の例〕

○一定の時期に特定のサービスを受けるために支払った前払経費
○前払給料
○資産の取得や材料等を購入するために支払った手付金

のような場合の役務提供に関する業務契約は、114ページの適用要件①でいう「継続的に受ける役務の提供」とはいえませんので、短期前払費用の取扱いを適用することはできません。

事前対策 その21

グループ会社間の取引は要注意です

グループ会社を構成する会社に対して税務調査を実施する場合には、グループ会社を構成しない会社に対する税務調査と比して、重要なポイントが追加されます。

それが、第三者に対する取引価額とは異なる価額で取引するなど、グループ会社間で行われる取引を通じて、各グループ会社の利益を調整していないかということです。

すなわち、「グループ会社間の取引」は、いわば身内による取引といえますので、取引価額や決済条件等に恣意性が介入し、利益の移し替えなどを比較的たやすく行い得るからです。

具体的なパターン

筆者のこれまでの実務経験からも、グループ会社間の取引を利用して利益を調整していた事例は少なくありません。

例えば、グループ会社の決算期の違いを利用して利益を移し替えていたものや、相当の理由がないにもかかわらず通常の取引価額とは異なる価額で取引していたもの、あるいは、法人税の軽減税率を意図的に適用するために何ら取引には関与していないグループ会社を取引の間に絡ませることで利益をグループ内で分散していたものなどです。

次の図は、グループ会社のA社が、決算期が異なるグループ会社のB社を利用して、外注費を水増し計上していた事例の概要を整理したものです。

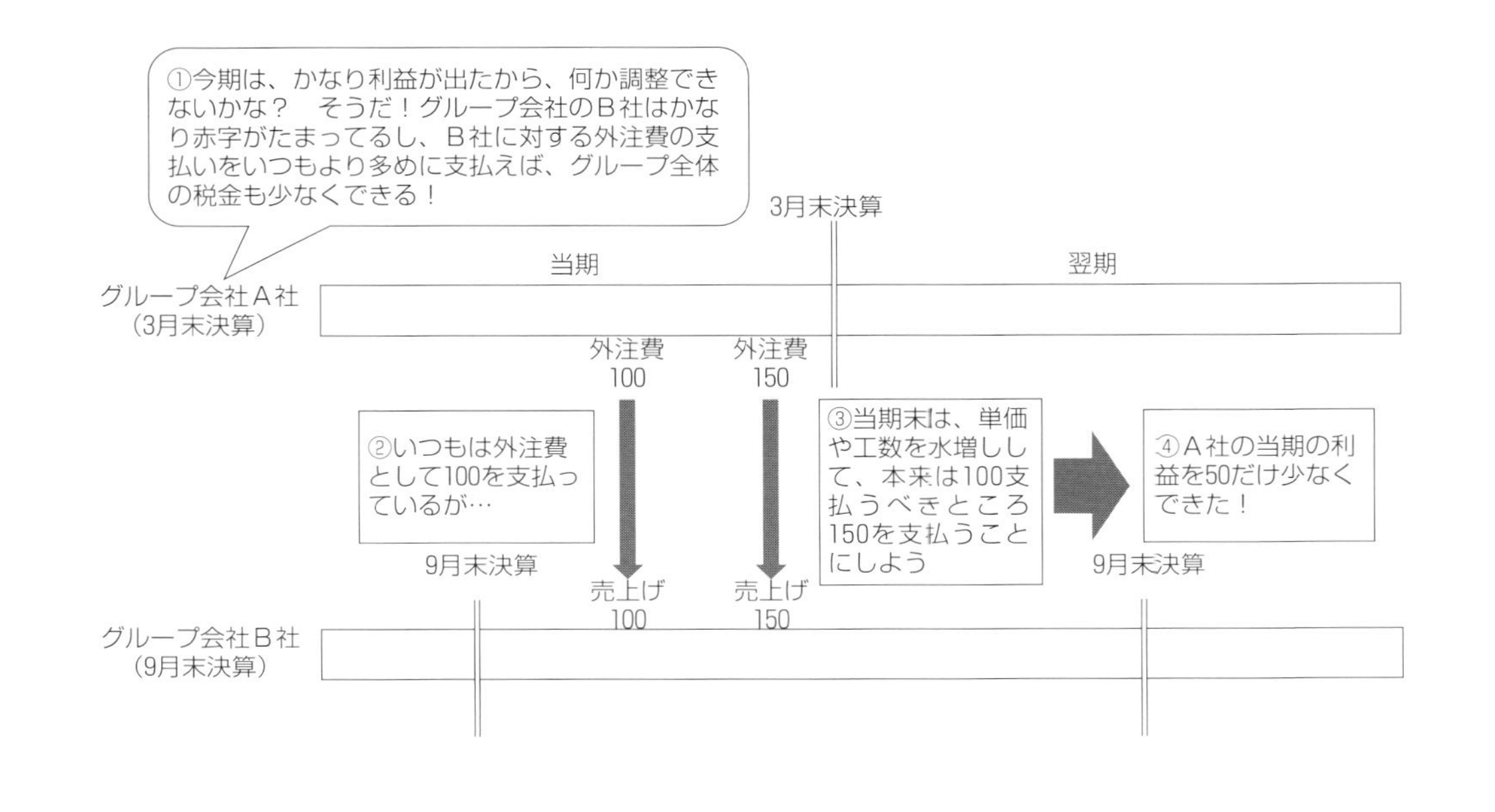
①今期は、かなり利益が出たから、何か調整できないかな？　そうだ！グループ会社のB社はかなり赤字がたまってるし、B社に対する外注費の支払いをいつもより多めに支払えば、グループ全体の税金も少なくできる！
3月末決算
当期
翌期
グループ会社A社
（3月末決算）
外注費
100
外注費
150
②いつもは外注費として100を支払っているが…
③当期末は、単価や工数を水増しして、本来は100支払うべきところ150を支払うことにしよう
④A社の当期の利益を50だけ少なくできた！
9月末決算
売上げ
100
売上げ
150
9月末決算
グループ会社B社
（9月末決算）

グループ会社間の取引について、税務調査では、経済的実態と照らして取引内容が妥当といえるかどうか、また、通常の取引パターンと相違していないかなどの観点から、関係資料のチェック、案件の担当者への質問、取引先への反面調査の実施など、順次検討していきます。

グループ会社間取引に関する事前対策

グループ会社間取引については、契約書や請求書などの関係資料の作成・保存はもちろん必要ですが、その前提として、その取引自体に経済的な実態が伴っているのかということが、税務調査においては重要なファクターとなります。

したがって、グループ会社間取引を行う理由や具体的内容などについて、明確に説明ができるようにしておきましょう。

事前対策　その22

消費税・源泉所得税・印紙税を忘れてはいけません

会社に対して課される税金には、「法人税」以外にも、国税では「消費税」、「源泉所得税」、「印紙税」、また、地方税では「法人住民税」や「法人事業税」などがあります。

税務調査は、国税を管轄する国税局や税務署が行うものですので、会社が税務調査の対象となる場合には、法人税がメインの調査税目となります。

なお、我が国の地方税は、原則として国税をベースとして計算する仕組みとなっていることから、国税に対する税務調査は、実質的に地方税の税務調査も兼ね備えたものとなっているといえます。

税務調査の対象税目

会社に対して税務調査が行われる場合、法人税だけではなく、「消費税・源泉所得税・印紙税」もその対象となります。

この点、税務調査の中での税目別での優先度、つまり、投下する人員や事務量は圧倒的に法人税に対する部分が多いわけですが、少ないながらも必ずチェックされるのが消費税・源泉所得税・印紙税です。したがって、消費税・源泉所得税・印紙税の事前対策は、法人税に比べて少なくてもいいので、ある程度は講じておく必要があります。

なお、事前対策により問題点が把握された場合に、その問題となっている事項が金額的に僅少であるからといって、そのまま放置してはいけません。ひとつひとつ確実にそれらの問題点を是正していくことが大切です。

消費税は特に注意

国税庁においては、消費税の不正還付を防止する観点から、消費税還付申告法人に対する調査に重点を置いています。

このため、消費税が還付申告となるような場合には、税務調査を受けるリスクが若干高まることを認識しておきましょう。

消費税・源泉所得税・印紙税に関する事前対策

（消費税）

○　消費税の課税取引ではない商品券やビール券の購入、海外出張関係の費用、出向料（出向負担金）、軽油引取税、慶弔費などについて、課税取引となっていないか確認しましょう。

○　令和元年10月から導入される消費税の軽減税率制度は、課税事業者、免税事業者の方に関わらず、事業を行う者にとって大きな影響を及ぼします。

　そこで、軽減税率の適用対象となる飲食料品の範囲や外食に対する考え方を理解するとともに、会社の会計処理にどのような影響を及ぼすのか、また、どのように対応すべきなのかなどについて、会社の現状や事業計画等を踏まえつつ、しっかりとした準備をしておきましょう。

○　消費税申告書を提出する前に、再度、課税事業者や簡易課税制度等の選択の有無、簡易課税制度の事業区分、特定新規設立法人の該当の有無などについて確認しましょう。

（源泉所得税）

○　従業員（非常勤社員を含む。）に対する給与等の源泉所得税の税額計算に必要な「扶養控除申告書」について、提出漏れや記入漏れがないか確認しましょう。

○　給与以外の費用科目の中で、経済的利益や現物給与など源泉所得税の対象となるものがないか確認しましょう。

（印紙税）

○　作成済の契約書等をチェックして、印紙の貼付漏れがないか確認しましょう。

○　印紙代を節約する観点から、契約書等はできるだけ電子化する方向で検討していきましょう。

事前対策 その23

帳簿書類を捨ててはいけません

「帳簿書類」とは、現金出納帳や売上帳などの帳簿をはじめ、損益計算書や貸借対照表などの決算関係書類、さらには領収書、請求書、見積書、納品書、送付書などの関係書類を含めた総称です。

帳簿書類の保存期間

帳簿書類の保存期間は、税務調査が最大で過去7年間を対象にできることから、税務調査のためには7年間でよいといえます。

ただ、青色欠損金の繰越控除が過去10年間を対象にできることや、会社法上の保存期間は10年間であることから、保存期間としては10年間が必要でしょう。

税務上問題となるケース

税務調査においてよく問題となるのが、本来あるべき帳簿書類の保存がないというケースです。

中でも、
① 売上げ関係の帳簿書類では、飲食業におけるレジのジャーナルや売上伝票
② 期末棚卸資産の関係の帳簿書類では、物品販売業における棚卸原票
などの「原始記録」といわれる書類の保存がない場合には、より深刻な状況といえます。

原始記録は、税務調査を行う立場からいえば、いわば取引の真実を裏付ける調査上重要

な書類です。そのため、原始記録の保存がないということは、その原因が故意か過失かは別として税金をごまかしているのではないか、といった不信感を調査担当者に抱かせる結果となります。

同時に、こうした状況は、税務調査を受ける経営者にとっても得策とはいえず、不信感により税務調査が長引き、その対応に労力を要したり、精神的な負担も重くなったりします。

保存の重要性

帳簿書類の保存については、保管場所の確保や関係書類の整理など、なかなか容易に取り組めない部分があることも事実です。

しかし、帳簿書類の保存は、経営者にとって税務の面からも経営管理の面からも遵守すべき最低限の事項といえますので、しっかりと対応しましょう。

帳簿書類の保存に関する事前対策

帳簿書類の保存を適切に実施するため、簿書管理規定等の社内ルールを整備しましょう。

また、帳簿書類の中でも原始記録の保存については、特に注意して管理しましょう。

なお、電子帳簿保存法に基づき、課税当局の承認を得た場合には、帳簿書類の電子データ保存やスキャナ保存ができますので、利便性をより高める観点からこれらの制度を利用することも併せて検討しましょう。

事前対策 その24

事前通知なしでも税務調査はあります

税務調査の中でも、実際に会社に臨場して行う調査を「実地調査」と呼んでいます。実地調査は、税務調査の方法の中でもスタンダードで数多く実施されている調査の方法です。

事前通知ありの実地調査

実地調査は、通常、調査を受ける経営者や関与税理士の立会が求められます。また、税務調査を行う上で不可欠な帳簿や関係資料等の準備も必要です。そのため、課税当局が経営者等に税務調査を行うことを前もって通知した上で、課税当局と経営者、関与税理士の間で日程調整を行い、実地調査の日時を取り決めます。

このように、課税当局が税務調査を行う旨を事前に経営者等に連絡することを「事前通知あり」と呼んでいます。

事前通知なしの実地調査

一方、事前通知をすると、

① 違法又は不当な行為を容易にし、正確な課税標準等又は税額等の把握を困難にするおそれがある

② 税務調査の適正な遂行に支障を及ぼすおそれがある

と課税当局が判断した場合には、事前通知なしに、いきなり実地調査が行われる場合もあります。

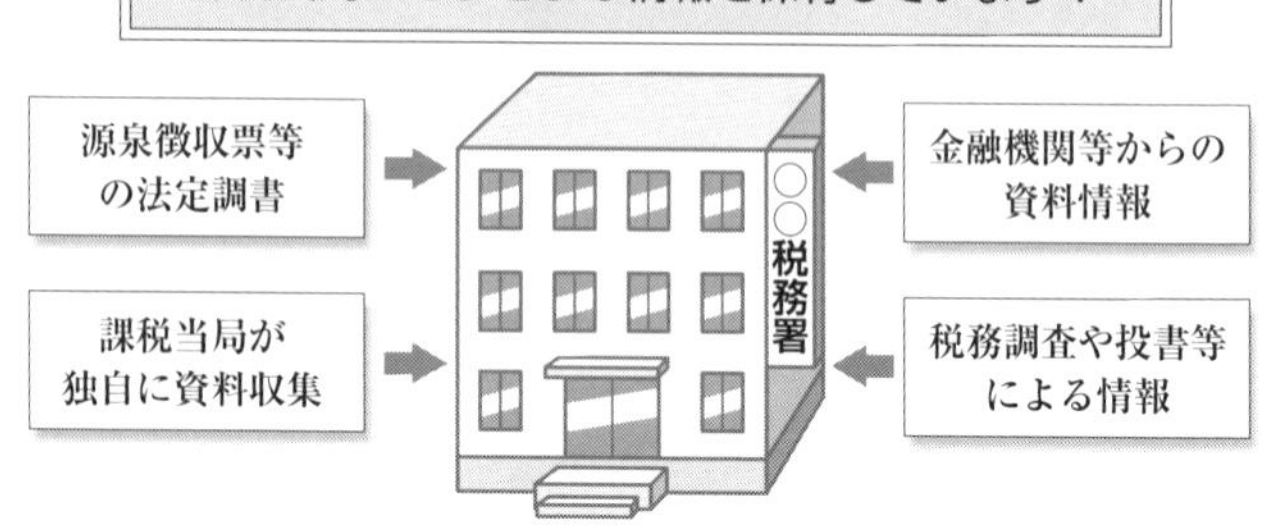

この事前通知をせずに実地調査を行うものを「事前通知なし」といいます。

事前通知なしで実地調査が行われるのは、具体的には、

① 小売業や飲食業など売上げの大半を現金で収受している会社
② 過去に大口の不正計算を行っていた会社
③ 課税当局が有する資料情報等から不正計算が想定される会社

など、ごく限られた場合だけです。

事前通知なしで実地調査を行う場合には、通常、事前に内偵調査を行います。例えば、飲食業を営む会社であれば、課

税当局の職員が、一般客を装って店内の状況、例えば、レジや売上伝票の有無、従業員の数、客層や時間帯別の入店状況などを調べます。また、課税当局の職員が内偵調査の際に支払った代金が、後日実施する税務調査において、適正に売上げに記帳されているかどうかなどもチェックします。

事前通知なしの税務調査に対する事前対策

税務調査は、事前通知なしで行われることもありますので、いつ税務調査があってもいいように、日頃から関係資料の整理や記帳等をしっかりしておくよう心掛けましょう。

突然ですが
税務調査です！
○○株式会社

第3章

税務調査のエピソード

この章は、筆者が経験した税務調査の中から、事前対策を行う上で少しでも役立つような事柄をエピソードとして記したものです。

エピソード　その1
売上げの計上漏れ

税務調査で指摘され得る問題点のうち、調査担当者として最も見つけたいのは、「売上げ」に関する事項です。

売上げが注視される理由

「売上げ」という勘定科目は、経営者にとって質的にも量的にも最も重要な科目です。

その特別な科目に対して、税務調査で問題点を見つけるというのは、経営者と対峙する調査担当者にとっては、税務調査のプロとして仕事に対する達成感ややりがいを感じることができる部分です。

運も実力のうち⁉

調査担当者は、1件の税務調査を通常3～5日程度の調査日数で処理しつつ、年間を通じてコンスタントに約30件前後の調査を行います。調査担当者にとっては、調査中は時間との勝負であり、調査の効率性を常に意識しなければなりません。そうした中で、売上げの計上漏れを見つけるというのは、そう容易ではないのです。

さらに言うなら、売上げに関する問題点、例えば、

① 売上げ代金を会社ではなく個人の懐に入れる

② 売上げの計上時期や計上金額を故意に調整する

などの不正行為を限られた時間内で見つけるには、実力や経験以外に、偶然性や運、直感といった要素も必要かもしれません。

というのは、こうした不正行為を見つけるには、現在の帳簿には載っていない売上げ、つまり、調査担当者に隠された、真実の売上げを探し出さなければならないからです。

冷蔵庫の中に預金通帳!?

筆者自身、税務調査における売上げに関するエピソードとしては様々なものがあります。中でもここで取り上げるのは、経営者名義の個人預金通帳を会社の冷蔵庫に保存していた事例です。

サービス業を営む会社に対して、事前通知をした上で会社に臨場しました。経営者から事業概況を聴取し、帳簿や証憑書類等の保管状況の確認、金庫内の現金や預金通帳等の現物確認を実施しました。そうした中で、ふと会社の事務所内の片隅にあった冷蔵庫に目が留まりました。

事務所に冷蔵庫があること自体、なんら不思議なことではありません。ですが、なぜか胸騒ぎがしたというか、その冷蔵庫が気になって、冷蔵庫の中を確認したいと思ったのです。

一般論ですが、税務調査において冷蔵庫の中を確認することは通常ありません。飲食業を営む会社であれば、食品等の在庫の保管状況をチェックする意味で開けてもらうことはありますが、飲食業以外の業種を営む会社の税務調査において、冷蔵庫を開けてその中身をチェックしたのは、この事例が最初で最後です。

その筆者の気を引いた冷蔵庫の中を確認すると、飲料水など本来あるべきもの以外に、なんと経営者個人名義の普通預金通帳も冷やされていたのです。この通帳は、経営者の個人名義でしたので、経営者の了解を得た上でその内容を確認したところ、会社の取引先等から振込入金が数件ありました。

以上の事実を基に経営者を追及した結果、会社の売上げを経営者個人名義の普通預金口座でプールするなどして、故意に売上げを計上していなかった事実が判明したのです。

すぐに行動を起こす

いま振り返ると、この税務調査で上手く売上げに関する問題点を把握できた要因は、「何かおかしい」そういう直感のようなものを感じたときに、臆する事なくすぐに行動に起こしたことがよかったのではないかと思います。

あの冷蔵庫何か気になるな…
よし勇気を出して中を見せて
ほしいと言ってみよう！
○○○○様
○△銀行

エピソード　その2

外注費の架空・水増し計上

税務調査の調査担当者は、「外注費」という勘定科目に特に関心を示します。これは、不正計算、つまり、税金をごまかす手段として、よく外注費の科目が利用されるからです。

外注費の特徴

この背景には、「外注費」という科目の特性が関係します。

外注費とは、外部の業者に対して一定の役務提供等の対価として支払うものです。ですから、外注費には、外部に支払う費用であればその内容如何にかかわらず、様々な支払目的や支払先のものが混在していることになります。

また、金額の多寡という観点からみても、外注費は他の勘定科目と比して相対的に多額となり得ることから、その中の一部に仮に不適切なものを紛れ込ませたとしても金額的に目立ちにくいという側面もあります。

不正計算の手口

外注費による不正計算の手口としては、

① 全く実態のない相手先に対して外注費を支払ったように架空計上する

② 実際に取引のある相手先に対する外注費を水増し計上する

などがあります。こうした不正計算を行う動機や目的は、表には出せない裏金作りが多いと思います。

一般的な調査手法

外注費に対する一般的な調査手法は、次のとおりです。

① 取引内容の把握

外注費の具体的な取引内容を把握します。そのため、個々に契約書や請求書等を閲覧し、その内容や決済方法などを聞き取りします。

② 決済状況の確認

外注費の決済状況を確認します。

例えば、

イ　銀行等の口座から振り込みしている場合には、振込先口座の取引銀行や口座名義、銀行等の所在地などから不審な点はないか

ロ　現金で支払っている場合には、領収書の有無や筆跡等に不審な点はないか

などです。

③　売上げとの対応関係

外注費は、原則、売上原価を構成し、費用収益対応の原則により売上げと対応させる必要があります。

したがって、外注費に対応した売上げの計上時期や計上金額を確認して、外注費とのバランスをチェックします。

④　支払先の実存確認

外注費の支払先が実在するかどうかについて、地図での確認や登記情報、申告状況等を確認します。

⑤　反面調査と銀行調査

外注先に直接赴いて取引の状況を確認したり、関係資料をチェックしたりする「反面調査」を実施することがあります。

また、外注費の決済状況や外注先の取引口座の内容を確認するため、金融機関等に直接赴く「銀行調査」を実施することがあります。

■たった1枚の請求書からでも税務上の視点がいろいろある

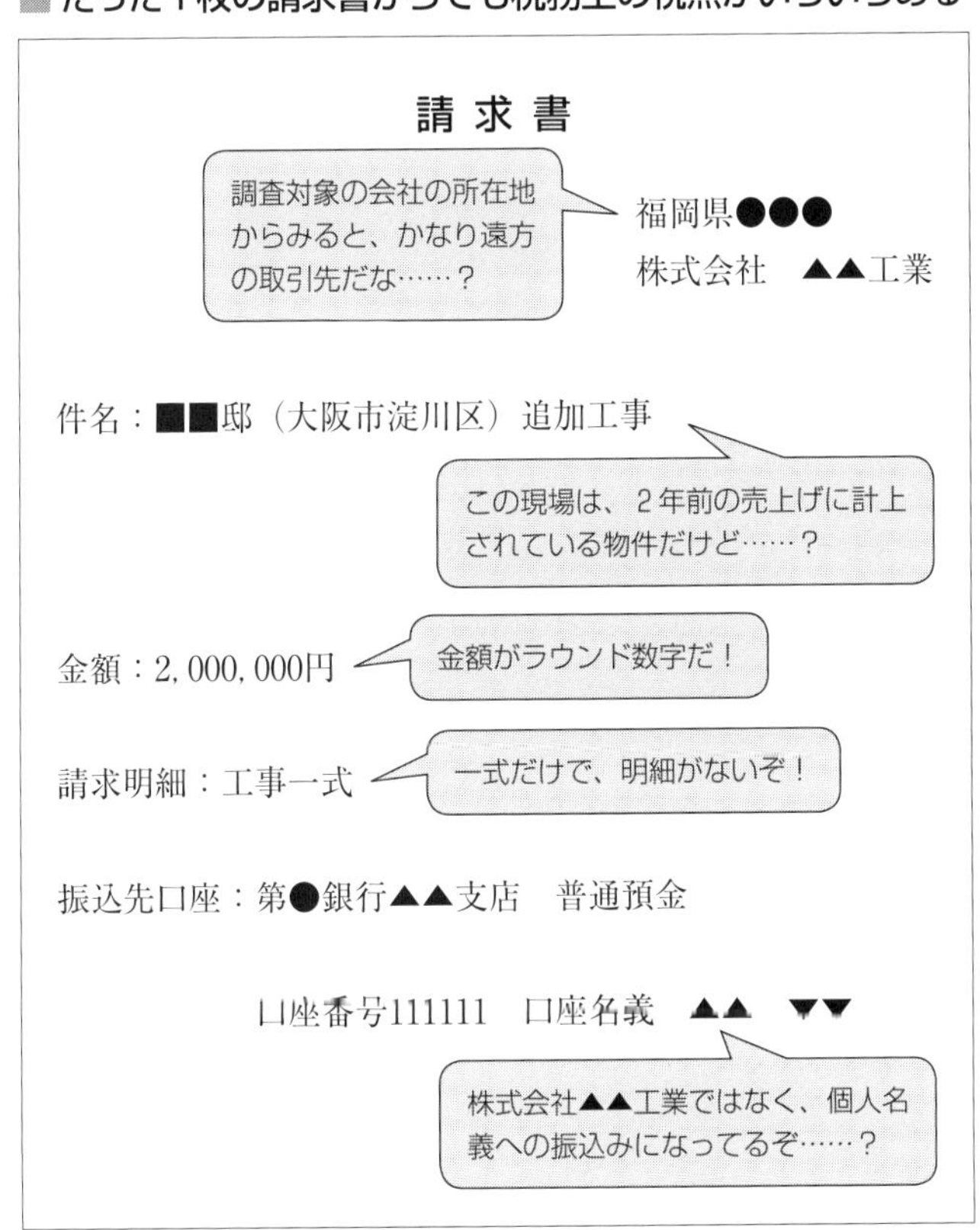

請 求 書

福岡県●●●
株式会社　▲▲工業

件名：■■邸（大阪市淀川区）追加工事

金額：2,000,000円

請求明細：工事一式

振込先口座：第●銀行▲▲支店　普通預金

口座番号111111　口座名義　▲▲　▼▼

エピソード その3

筆跡・改ざん・遡及修正

テレビの刑事ドラマの中では、筆跡鑑定によって犯人を特定するシーンを見ますが、税務調査においても、その過程において「筆跡」をチェックします。筆跡鑑定まで行うことは通常ありませんが、元帳や伝票、領収書控え、タイムカードなどの筆跡を見て作成者を想定し、その後の調査展開を検討します。

筆跡のチェックと併せて、手書きで作成されている元帳や現金出納帳、あるいは支払先から受領した領収書などに関しては、数字や日付等の「改ざん」や、過去に遡っての「遡及修正」がないかも確認します。

重加算税の重み

筆跡・改ざん・遡及修正に関しては、筆者の実務経験上、手書きの現金出納帳を過去に遡って修正することにより、役員給与を水増し計上していた事例がありました（次ページ参照）。

こうした改ざんや遡及修正によって税金逃れをしていた場合には、本来納付すべきであった本税以外に、重加算税が賦課決定されます。重加算税の税率は本税の35～50％で、ペナルティとしては非常に重いものです。

課税逃れは割に合わない

昨今では、ＩＴ化の進展によって、手書きの元帳などを見ることは本当に少なくなりま

現金出納帳

（単位：円）

月日	内容	入金	出金	残高	備考
12.14	消耗品費		1,419	86,592	インク代
12.14	売掛入金	350,000		436,952	A商店
12.15	役員給与		300,000	186,952	社長
12.15	会費支払				
12.16	税金支払				
12.16	売掛入金				
12.17	買掛支払				

出金欄の数字を「250,000」から「300,000」に訂正し、役員給与を50,000円水増し計上！

左記の水増し計上に伴い、残高欄の数字を「186,952」から「136,952」に訂正！

した。ただ、どれだけインフラが整備されても、手書きで作成する資料自体が完全になくなってしまうということはないでしょう。そういう意味で、筆跡をチェックするという税務調査のプロセスは、今後も行われると思います。

また、ＩＴの分野では、個人情報の保護や情報セキュリティを確保する観点から、アクセス権限の適正な管理・運用やデータ変更等の履歴確保がより一層求められています。手書きであれ、ＩＴであれ、課税逃れを目的として真実を改ざんしたり過去に遡って修正したりすることを、適正公平な課税の実現を使命とする課税当局が見逃すはずがありません。

仮に、こうした課税逃れが税務調査で見つかった場合には、重加算税の賦課決定や刑事告発など、結果として割に合わないほどの金銭的かつ精神的な負担を背負うことになってしまいます。

エピソード　その4

架空人件費〜従業員は一体どこに?〜

「架空人件費」は、架空の人物を従業員として実在するかの如く仮装して、給料や賞与などの人件費を計上することです。この不正計算は、架空仕入れや架空外注費と並んで、「架空計上の御三家」といえるでしょう。

見つける糸口

架空人件費は、税務調査の調査担当者からすれば、比較的容易に見つけることが可能な不正計算です。

なぜなら、従業員名簿を片手に、一人一人の従業員を調査担当者が直接チェックしていけば、必然と不審な人物が浮かびあがってくるからです。

また、全く存在しない架空の人物ですので、実在する従業員であればあって当たり前の履歴書、配席図上の所在、タイムカードはなく、残業手当等の支給や社内レクレーションへの参加もありません。こうして、実在する従業員であれば当然あるべきものをチェックすることで、架空人件費を計上している糸口を見つけることもできます。

支払手段からも

架空人件費の有無は、その支払手段によってもチェックすることができます。

昨今では、人件費はそのほとんどが銀行等への口座振込によって行われています。その銀行口座もマネーロンダリング等を防止する観点から、本人確認が厳格に行われ、いわゆる仮名預金といった本人名義ではない口座を開設すること自体できません。

そのため、税務調査では、例えば、

① 人件費の支払いが現金である

② 人件費の振込先の口座名義が従業員名義でない

といったイレギュラーなものを抽出し検討していきます。

税務調査の経験から

筆者が経験した架空人件費を巡る調査事例としては、

① 関係会社の従業員を自社の従業員であるかのように仮装して給与を計上していたもの

② 退職者を現在でも勤務しているかのように仮装して給与を計上していたもの

③ 外注先と通謀して外注費と給与を二重に計上していたもの

などがあります。

○年○月分　給与明細一覧表

氏名	支給額	残業手当	所得税	住民税	差引支給額
●●	300,000	5,400	21,000	4,500	279,900
△△	280,000	6,300	18,000	4,000	264,300
■■	260,000	2,800	15,000	3,800	244,000
○○	240,000	3,000	20,000	5,000	218,000
▲▲	220,000	5,000	14,000	3,500	207,500
□□	210,000	2,000	15,000	3,600	193,400
◆◆	200,000	0	16,000	0	184,000

◆◆さんは、他の人に比べて、手当の支給がないし、住民税の特別徴収もされていないなあ……。なんか怪しいぞ。どこの口座に振り込まれているか確認しよう！

エピソード その5

架空減価償却資産～資産は一体どこに?～

筆者のこれまでの税務調査の経験において、減価償却費に関して問題の多かったパターンのひとつに、あるべきはずの機械や車両が存在しなかったというものがあります。

資産の所在確認

税務調査でこうした状況を把握した場合、所在不明の減価償却資産が一体どこにあるのかを検討します。経営者の自宅なのか、グループ会社なのか、第三者へ貸出中なのか、関係者へ聞き取りしたり関係資料を閲覧したりします。

仮に経営者の自宅にあるということであれば、その減価償却資産は本来経営者が個人的に購入すべきものですので、経営者がその購入資金を会社に支払うか、若しくはその購入資金を役員給与とみなして税務上課税処理することとなります。

また、仮に所在不明の減価償却資産がグループ会社や第三者に貸出中ということであれば、相手方より相当の使用収益としての対価を受領しているか否かを検討します。

行方不明⁉

一番に問題なのが、減価償却資産の所在が曖昧でどこにあるのかわからないという場合です。

こうした場合のほとんどの原因が、最初からその減価償却資産自体を購入していなかった、すなわち、「架空減価償却資産の計上」ということでした。

税務上の2つの問題

架空減価償却資産を計上していたことが判明した場合には、税務上、2つの問題が生じます。

ひとつは、「減価償却費の架空計上」という問題です。減価償却資産自体が架空に計上されたものであれば、その減価償却資産の取得価額を基に算定される減価償却費も架空計上されていることになります。

もうひとつは、架空減価償却資産の取得代金である「現預金はどこに流れたのか」という問題です。その現預金は何のために誰に支払われたのかといった検討を順次行っていきます。

■架空減価償却資産の計上による税務上の２つの問題

区分／時期	借方 科目	借方 金額	貸方 科目	貸方 金額
資産取得時	（架空）減価償却資産	×××	現預金	×××
決算期末時	（架空）減価償却費	××	減価償却累計額	××

架空減価償却費の計上により、利益が少なくなります。

税務調査では、この現預金がどこに流れたのかを確認します。

エピソード その6

税務調査は仮説を立てるところからスタート

税務調査を行うかどうか、すなわち「調査対象者の選定」は、課税当局が、ここ数年間の税務申告の状況や過去の税務調査の内容、さらに課税当局が独自で有する資料情報や業種業態の景況などを総合勘案して決定します。

事前通知と準備調査

税務調査の対象となる会社が決定すると、経営者や関与税理士に「事前通知」を行います。

併せて、今回の税務調査で重点を置くべきポイントは何かについて、「準備調査」とよばれる税務調査に臨場する前の分析を行います。この準備調査によって、想定される具体的な問題点を抽出するほか、どのようなプロセスで調査を進めていくかなどについて整理します。

仮説を立てる

準備調査において重要な視点が、「仮説を立てる」ということです。もちろん、実際に税務調査に臨場しているわけではありませんので、あくまでも想定できる範囲内で行います。

仮説を立てることで、調査担当者として何を目的として現場で何を行うのかという点を明確にしておきます。具体的には、税務上問題になると考えられる事項について、例えば、売上げの繰延べや期末棚卸資産の計上漏れなどを想定して、税務調査で臨場した際にどのような書類を何とチェックしていくかなどについて、机上で調査展開を図ります。

実地調査

仮に「実地調査」の際に仮説のストーリーが全て現実のものとなれば、税務調査としては大成功です。残念ながら、筆者の実務経験から、なかなか仮説どおりに完璧に進むことは多くなかったと思います。

しかし、たとえ仮説どおりに事が進まなくても、税務調査においては事前に仮説を立てるというプロセスが重要であり、その積み重ねが調査担当者のスキルアップに繋がっていくのです。

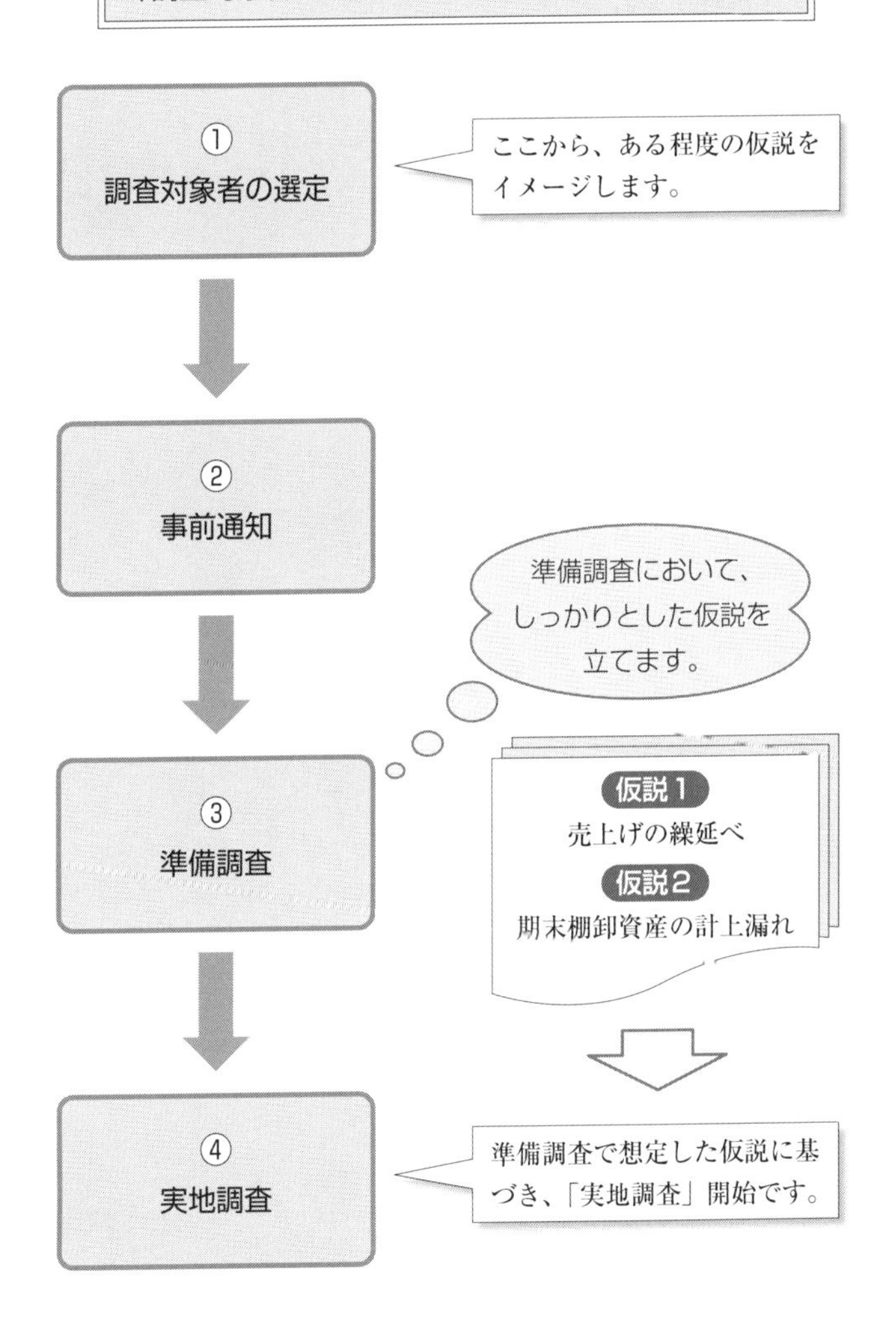
「調査対象者の選定」から「実地調査」までの流れ
①
調査対象者の選定
ここから、ある程度の仮説をイメージします。
②
事前通知
準備調査において、しっかりとした仮説を立てます。
③
準備調査
仮説1
売上げの繰延べ
仮説2
期末棚卸資産の計上漏れ
④
実地調査
準備調査で想定した仮説に基づき、「実地調査」開始です。

調査担当者の原動力

なお、調査担当者がこのように実地調査を進めていく中で常に意識していること、すなわち、調査担当者を動かす原動力といったものは何でしょうか。

この点、筆者は「正義感」であると思っています。調査担当者がコスト意識を過度に意識しない公務員である以上、税務調査といってもどこまで突っ込んでやるのか、その行動を起こさせる原動力は、やはり正義感しかありません。

真面目な人が損をして不真面目な人が得をするような、誤った社会の仕組みを許さない、そういう意識をもって常に税務調査に臨む、これが税務調査を行う者の心の原点になければならないと思います。

あとがき

40代からの挑戦～公認会計士を目指して～

私は、５年前までは、国税局に勤務する国家公務員だったのですが、公認会計士の資格を取得するため退職を決意し、現在は、個人で公認会計士・税理士事務所を営んでいます。

税理士としては、国税局内部の試験をパスし、法人税調査などの実務経験を有していたことから、国税局を退職した２か月後の２０１４年８月に登録しました。

また、公認会計士としては、２０１９年７月に登録を済ませたばかりです。

なぜ、税理士の資格を有する者が、国税局を退職してまで公認会計士を目指す必要があったのか、その経緯や考えるところについて、若干述べたいと思います。

税務職員への道と夜間大学

私は、石川県小松市の生まれです。県立小松高等学校の在学中に「国家公務員採用Ⅲ種試験（税務）」に合格し、卒業後、金沢国税局に採用されました。高校時代は、大学進学を目指していたのですが、希望する大学に合格することはかないませんでした。たまたま、友人からの「給料貰いながら、受験勉強できるところあるよ。」との一声で公務員試験を受験し、税務職員への道に進みました。

税務職員に採用されると、1年3か月間の研修が行われます。この研修では、公務員や社会人としての心構えのほか、税務職員として第一線で仕事するために必要な税法等の基礎的な知識を習得します。

この研修は、現在では珍しく完全寮生活で行われるのですが、研修期間中であっても公務員であることに変わりはなく、当然に給与も支給されます。また、寮生活の中である程度の自由な時間を確保できますし、勤務時間以外であれば確かに大学受験の勉強も可能という意味では、先ほどの友人の一声も全くの嘘ではありません。

しかし、現実的には、本来の公務員としての研修カリキュラムをこなすため、大学受験の準備に充てる時間はほとんどありませんでした。ただ、どうしても大学進学の夢があきらめきれず、夜間大学への受験を決意し、「同志社大学法学部」に入学しました。その後は、税務職員と大学生という勤労学生の生活を4年間経験しました。

税務調査の重要性

国税局や税務署における仕事には様々なものがありますが、私は、2014年6月に退職するまでの約28年間、そのほとんどを法人税や消費税など企業に関する税金を担当する部署において、事務運営の監理事務、税務調査、納税者からの質疑や相談への対応などの仕事に携わりました。

中でも、税務調査には数々の思い出があります。公務員は退職後も守秘義務が課せられていますので、職務上知り得た情報を個別具体的に申し上げることはできませんが、企業のトップと税金を巡る真剣勝負のやり取りができたことは、税務職員にしかできない貴重な経験だったと思います。

この点、税務行政の存在意義は、「広報」、「指導」、「調査」などとよくいわれますが、私が最も重要であると考えるのは「調査」です。仮に税務調査がいい加減な形で行われたら、真面目に適正な申告をしている納税者はどう思うでしょうか。たぶん、バレないなら自分も今度からはいい加減な申告をしよう、と思うはずです。そうなれば、次々と不適正な申告をする納税者が増加することとなり、結果的に我が国の「申告納税制度」を前提とする租税体系そのものが崩壊してしまう恐れがあります。そこで、そのような真面目な人が損をするような社会にしないためにも、税務行政は深度ある適切な調査を行わなければなりません。

税務調査をはじめとする国税という職場での経験は、厳しく辛い思い出も数多くありますが、私にとっては、社会人として成長させていただいた本当に貴重なものであり、「感謝」という二文字以外の言葉が出てきません。

特に、国税局部内の選抜制の職員研修では、約2年間にわたって、税法、会社法、民法などの法律のほか、経済、会計、経営など様々な分野について、深く探究することができ、自らをより一層成長させることができました。なお、この研修期間を通じて、「大阪大学大学院法学研究科法学・政治学専攻博士前期課程」を修了しました。

公認会計士を目指した理由

私がこのように恵まれた国税局の職場にいる中で退職を決意したのは、税理士として活動していきたいと考えたからではありません。公認会計士として、税務以外の分野も含めて幅広くコンサルタントサービスを提供しながら、その過程で日々自らも成長していきたい、そう考えたからです。

そもそも、私自身、40代に入る頃までは、公認会計士という職業に対して特別の思い入れがあったわけではありません。意識しはじめたのは、国税局の職場で納税者からの税法や会計、会社法などに関する一般的な相談に対応する仕事を担当したことが契機でした。その仕事を担当して痛感したのは、私自身の実力や経験の乏しさ、つまり、様々な角度からの相談に対して適切に対応するための知識そのものが不十分であるということでした。

そこで、税法はもちろんのこと、会社法、会計基準などについて、今一度、自分自身で勉強しよう、そう決意し、どのように勉強すべきか、その方法をいろいろ検討しました。その結果、最も有効であると考えた教材が、「公認会計士試験」の受験用教材でした。というのは、私の求める分野がそのまま試験科目だったからです。そこから、午前2時に起床し3～4時間勉強してから仕事に出かけるという毎日が始まりました。スタートラインは42歳でした。

もちろん、その段階では、公認会計士試験に合格したいという気持ちがあったわけではなく、あくまでも自分自身を高めるためのツールとして考えていました。そういう中で、仕事と両立しながら勉強を途中で投げ出すことなく継続してやっていくことができたのは、家族の協力があったこと、そして、これまで知る由のなかった税務以外の世界を垣間見る喜びを日々感じることができたからです。

国税局を退職し、公認会計士試験を突破

勉強をスタートしてから5年後、運よく「公認会計士試験短答式試験」に合格しました。2014年1月のことです。この短答式試験は、毎年12月と5月の2回実施されており、マークシート方式による試験（4科目）となっています。まだ論文式試験が控えているとはいえ、これまで必死にやってきたことが実際の形として目に見えたことで、合格発表日には涙を流したことを覚えています。

国税局を退職するかどうかを考え始めたのはちょうどこの時です。次に待ち構える論文式試験は、毎年8月に3日間の日程で実施される筆記試験（6科目）で、難易度、ボリュームともに最強レベルです。この論文式試験に向けてこれからも勉強を続けるのかやめるのか、続けるとしたら仕事と両立するのか試験に絞るのかなど、いろいろな選択肢がある中で、家族のことや職場への想いなどを熟慮した結果、２０１４年6月に国税局を退職し、公認会計士を目指すことを決断しました。難関国家試験の突破に向けて、40代で人生最大ともいえる挑戦でした。

また、この決断は、一日の大半を「勉強」に充てなければならないことも意味していました。仮に、公認会計士を取得するまでの期間の中で、最も苦しい時期はいつだったかと尋ねられたら、「ここからの1年間」と答えるでしょう。勉強に集中できるということは、言い換えれば、勉強に集中しなければならないということであり、このプレッシャーが想像をはるかに超えた大きくて重いものでした。気持ちだけは絶対に負けないでいこう、そういう思いで、とにかく勉強に集中し、前に進むことだけを考えて机に向かいました。

そして、翌2015年11月、公認会計士の資格を取得する上で最難関ともいえる「公認会計士試験論文式試験」に合格できました。

この論文式試験を突破するまでの約6年間は、私にとっては本当に長い年月でした。毎日毎日、勉強、勉強、勉強の繰り返し、その中で最強の敵は自分自身。論文式試験の合格は、目標の達成であると同時に、長かった闘いからの解放感と家族への感謝の思いに深く私を浸らせました。

公認会計士の資格を取得

公認会計士の資格は、論文式試験に合格するだけで取得することはできません。論文式試験に合格した後、2年間の「業務補助又は実務従事」と3年間の「実務補習」、さらに、それらをクリアした後に日本公認会計士協会が実施する「修了考査」に合格しなければならないのです。

実は、論文式試験後のこれらの関門も、私にとってはかなりハードなものでした。

というのは、論文式試験の合格者の平均年齢は20代半ばで、その大半は、合格後、監査法人に就職します。監査法人に就職すれば、その仕事自体が業務補助の要件を満たすため何の問題もないのですが、私のように平均年齢の倍の年齢で合格したような場合には、現実問題として監査法人に就職することは難しく、どのようにして「業務補助又は実務従事」の要件をクリアするのかということが切実な壁として立ちふさがるのです。私の場合、紆余曲折はありましたがコンサルタント会社に就職し、大企業等の財務コンサルタントに従事することで、何とか実務要件をクリアすることができました。

また、「実務補習」は、一般財団法人会計教育研修機構の補修所に入所し、公認会計士となるのに必要な技能を習得するため、会計、監査、経営、税、コンピュータに関する理論及び実務等について履修するものです。主に平日の夜や土曜日に実施されますが、科目の進捗に応じて、考査（試験）や課題研究（論文作成）もあり、質、量ともに一般の大学並みのボリュームといえるものでした。

この実務補習の要件も規定どおりクリアすることができ、公認会計士の最終関門である「修了考査」に2018年12月に臨みました。修了考査は、毎年12月に2日間の日程で実施される筆記試験です。決して完璧な準備はできませんでしたが、辛うじて合格を勝ち取り、晴れて「公認会計士」の資格を取得することができました。

公認会計士の勉強を始めて、ちょうど10年、本当に長い道のりでした。この10年間で身に付けることができたものを活かしつつ、これからは、公認会計士・税理士として、微力ながら社会に貢献していきたいと考えています。

＊

私が社会人としてこれまで過ごしてきた中で、気持ちの面でとても大切にしていることは、「感謝する気持ち」と「正義感」、そして、どんな困難な状況にあっても決してぶれることなく、「昨日の自分」より「今日の自分」を少しでも成長させたい、という思いでした。公認会計士への道のりも、ずっとこの気持ちとともに歩んできました。

40代から挑戦した難関国家試験、人生に遅すぎるということはない、あきらめずに自分の信念に従って努力すればいつかは夢が叶う、それを経験できたことはそう長くはない私のこれからの人生において、心の支えとなってくれると信じています。

＊

最後に、本書の上梓は、決して筆者一人で成し得たものではありません。家族の支えや、これまでの職場でお世話になった関係者の皆様方のご指導やご鞭撻があっての賜物であると考えております。改めて、職業会計人としてこれまで育てていただいたことに、心より深く感謝の意を表します。

清原　裕平

（著者略歴）

清原 裕平（きよはら　ゆうへい）

税理士、公認会計士、清原コンサルティング合同会社代表社員。

石川県生まれ。石川県立小松高等学校卒業後、金沢国税局に奉職。以後、大阪国税局法人課税課、税務相談室等において、主に法人税や消費税に関する監理・調査・相談などの事務に従事。

在職中に同志社大学法学部を卒業後、大阪大学大学院法学研究科を修了。

2014年税理士登録、2019年公認会計士登録。

現在は、税務、会計及び経営コンサルティングを中心に、会計監査、M＆A、組織再編、事業承継などに対応するほか、税務や会計に関する各種セミナー講師を務める。著書に『実務担当者からの疑問に答える！　会社税務の相談事例105選』（清文社）。

事務所名称：清原公認会計士・税理士事務所
所在地：〒532-0003 大阪府大阪市淀川区宮原４－４－64
　　　　新大阪千代田ビル６階
TEL／FAX：06-4867-3624
URL：https://yk-cpa429.jimdofree.com
E-mail：yk-cpa429@agate.plala.or.jp

社長！　税務調査の事前対策してますか
―加算税リスクのない法人税実務―

2019年８月23日　発行

著　者　清原 裕平 Ⓒ

発行者　小泉 定裕

発行所　株式会社 清文社

東京都千代田区内神田１－６－６（MIFビル）
〒101-0047　電話 03(6273)7946　FAX 03(3518)0299
大阪市北区天神橋２丁目北２－６（大和南森町ビル）
〒530-0041　電話 06(6135)4050　FAX 06(6135)4059
URL http://www.skattsei.co.jp/

印刷：亜細亜印刷㈱

■本書の内容に関するお問い合わせは編集部までFAX(06-6135-4056)でお願いします。
■本書の追録情報等は、当社ホームページ（http://www.skattsei.co.jp）をご覧ください。

ISBN978-4-433-48219-0